HENRY DAVID THOREAU

A DESOBEDIÊNCIA CIVIL

Tradução de Sérgio Karam

www.lpm.com.br

L&PM POCKET

Coleção **L&PM** POCKET, vol. 17

Texto de acordo com a nova ortografia.
Título original: *Civil Disobedience*

Primeira edição na Coleção **L&PM** POCKET: abril de 1997
Esta reimpressão: junho de 2022

Tradução: Sérgio Karam
Capa: Ivan Pinheiro Machado
Revisão: Grazia Pinheiro Machado, Ruiz Faillace e Renato Deitos

---

T488d

Thoreau, Henry (1817-1862)
A Desobediência Civil / Henry Thoreau; tradução de Sérgio Karam. – Porto Alegre: L&PM, 2022.
96 p. ; 18 cm. – (Coleção L&PM POCKET; v.17)

ISBN 978-85-254-0614-9

1. Ficção norte-americana-Ensaios-Política. 2. Política-Ensaios literários-Ficção norte-americana. I. Título. II. Série.

CDD 814
CDU 820(73)-4:32
32:820(73)-4

Catalogação elaborada por Izabel A. Merlo, CRB 10/329.

Rua Comendador Coruja. 314, loja 9 – Floresta – 90.220-180
Porto Alegre – RS – Brasil / Fone: 51.3225.5777

Pedidos & Depto. Comercial: vendas@lpm.com.br
Fale conosco: info@lpm.com.br
www.lpm.com.br

Impresso no Brasil
Inverno de 2022

Henry David Thoreau
(1817-1862)

H. D. Thoreau nasceu em Concord, Massachusetts, em 1817, terceiro filho de John e Cynthia. Mesmo passando a maior parte da vida na cidade natal, escreveu alguns ensaios sobre as poucas viagens que realizou, como "An Excursion to Canada" (1853), "Excursions" (1863) e "The Maine Woods" (1864).

Estudou na Concord Academy e posteriormente em Harvard, onde se formou em 1837. Após lecionar por um breve período, foi trabalhar com o pai na fábrica de lápis da família. Em 1838, juntamente com seu irmão mais velho, John, abriu uma escola, onde lecionou até 1841. Nessa época também começou a escrever artigos para jornais. Alguns de seus primeiros trabalhos incluem "A Natural History of Massachusetts" (1842), "Sir Walter Raleigh" (1843) e "Thomas Carlyle and His Works" (1847).

Certos acontecimentos marcaram sua vida e foram decisivos na construção de sua obra: o primeiro foi uma viagem de canoa pelos rios Concord e Merrimack realizada com John em 1839, na qual reafirmou seus ideais sobre a natureza e que daria origem ao ensaio "A Week on the Concord and Merrimack Rivers" (1849). Outro momento marcante foi o encontro com o ensaísta e poeta Ralph Waldo Emerson, de quem se tornou discípulo.

Já o ano de 1845 seria marcado pela construção de uma casa nas margens do Lago Walden, experiência de vida radical e isolada na natureza que seria contada em uma de suas obras mais conhecidas, *Walden* (1854). O ensaio mais famoso de Thoreau, "A desobediência civil" (1849), foi fruto de uma noite passada na cadeia em 1846, quando acabou preso por se recusar a pagar impostos, em protesto contra a guerra do México e contra a escravidão.

Morreu em decorrência da tuberculose, em 1862. Suas cartas foram editadas pelo amigo Ralph Waldo Emerson e publicadas postumamente em 1864. "Poems of Nature" apareceu em 1895 e "Collected Poems", em 1943. Seus diários completos foram publicados em 1906, em quatorze volumes. Ensaísta, poeta, filósofo transcendentalista, celebrou a ecologia, as emoções e os direitos individuais. Com suas ideias, influenciou personalidades como Gandhi e Martin Luther King.

Livros do autor publicados pela **L&PM** EDITORES

A desobediência civil
Walden

Sumário

A Desobediência Civil

"O melhor governo é o que governa menos" – aceito entusiasticamente esta divisa e gostaria de vê-la posta em prática de modo mais rápido e sistemático. Uma vez alcançada, ela finalmente equivale a esta outra, em que também acredito: "O melhor governo é o que absolutamente não governa", e quando os homens estiverem preparados para ele, será o tipo de governo que terão. Na melhor das hipóteses, o governo não é mais do que uma conveniência, embora a maior parte deles seja, normalmente, inconveniente – e, por vezes, todos os governos o são. As objeções levantadas contra a existência de um exército permanente – e elas são muitas e fortes e merecem prevalecer – podem afinal ser levantadas também contra a existência de um governo permanente. O exército permanente é apenas um braço do governo permanente. O governo em si, que é apenas a maneira escolhida pelo povo para executar sua vontade, está igualmente sujeito ao abuso e à perversão antes que o povo possa agir por meio dele. Basta pensar na atual guerra mexicana (1), obra de uns poucos indivíduos que usam o governo permanente como seu instrumento, pois, de início, o povo não teria consentido nesta medida.

O que é este governo americano senão uma tradição, embora recente, que se empenha em passar inalterada à posteridade, mas que perde a cada instante algo de sua integridade? Não possui a vitalidade e a força de um único homem vivo, pois pode dobrar-se à vontade deste homem. É uma espécie de arma de brinquedo para o povo, mas nem por isso menos necessária, pois o povo precisa ter algum tipo de maquinaria complicada, e ouvir sua algazarra, para satisfazer sua ideia de governo. Assim, os governos demonstram até que ponto os homens podem ser enganados, ou enganar a si mesmos, para seu próprio benefício. Isto é excelente, devemos todos concordar. E no entanto, este governo, por si só, nunca apoiou qualquer empreendimento, a não ser pela rapidez com que lhe saiu do caminho. Ele não mantém o país livre. Ele não povoa o Oeste. Ele não educa. O caráter inerente ao povo americano é que fez tudo o que foi realizado, e teria feito ainda mais se o governo não houvesse às vezes se colocado em seu caminho. Pois o governo é uma conveniência pela qual os homens conseguem, de bom grado, deixar-se em paz uns aos outros, e, como já se disse, quanto mais conveniente ele for, tanto mais deixará em paz seus governados. Se não fossem feitos de borracha, o comércio e o tráfico em geral jamais conseguiriam superar os obstáculos que os legisladores continuamente colocam em seu caminho. E se tivéssemos que julgar estes homens inteiramente pelos efeitos de seus atos, e não, em parte, por suas intenções, eles mereceriam ser punidos tanto quanto aquelas pessoas nocivas que obstruem as ferrovias.

Porém, para falar de modo prático e como um cidadão, ao contrário daqueles que chamam a si mesmos de antigovernistas, eu clamo não já por governo nenhum, mas imediatamente por um governo melhor. Deixemos que cada homem faça saber que tipo de governo mereceria seu respeito e este já seria um passo na direção de obtê-lo.

Afinal, a razão prática por que se permite que uma maioria governe, e continue a fazê-lo por um longo tempo, quando o poder finalmente se coloca nas mãos do povo, não é a de que esta maioria esteja provavelmente mais certa, nem a de que isto pareça mais justo para a minoria, mas sim a de que a maioria é fisicamente mais forte. Mas um governo no qual a maioria decida em todos os casos não pode se basear na justiça, nem mesmo na justiça tal qual os homens a entendem. Não poderá existir um governo em que a consciência, e não a maioria, decida virtualmente o que é certo e o que é errado? Um governo em que as maiorias decidam apenas aquelas questões às quais se apliquem as regras de conveniência? Deve o cidadão, sequer por um momento, ou minimamente, renunciar à sua consciência em favor do legislador? Então por que todo homem tem uma consciência? Penso que devemos ser homens, em primeiro lugar, e depois súditos. Não é desejável cultivar pela lei o mesmo respeito que cultivamos pelo direito. A única obrigação que tenho o direito de assumir é a de fazer a qualquer tempo aquilo que considero direito. É com razão que se diz que uma corporação não tem consciência, mas uma corporação de homens conscientes é uma corporação com consciência. A lei jamais tornou os homens mais justos, e, por meio de seu respeito por ela, mesmo os mais bem-intencionados transformam-se diariamente em agentes da injustiça. Um resultado comum e natural do indevido respeito pela lei é que se pode ver uma fila de soldados – coronel, capitão, cabo, soldados rasos etc – marchando em direção à guerra em ordem admirável através de morros e vales, contra as suas vontades, ah!, contra suas consciências e seu bom senso, o que torna esta marcha bastante difícil, na verdade, e produz uma palpitação no coração. Eles não têm dúvida alguma de que estão envolvidos numa atividade condenável, pois todos têm inclinações pacíficas. Então, o que são eles? Homens ou pequenos fortes e paióis a serviço de algum homem inescrupuloso no poder? Visitem o arsenal da Marinha e contemplem um fuzileiro naval, alguém que o governo americano pode fazer ou que um homem pode fazer com sua magia negra – uma mera sombra e reminiscência de humanidade, um homem amortalhado em vida, de pé, mas já sepultado em armas com acompanhamento fúnebre, pode-se dizer, embora também possa ocorrer que:

> "Não se ouviu nenhum tambor, nenhuma nota funeral,
> Enquanto levávamos seu corpo para a trincheira final;
> Nem salva de adeus disparada por nenhum soldado
> Sobre a tumba em que nosso herói foi enterrado."

A grande maioria dos homens serve ao Estado desse modo, não como homens propriamente, mas como máquinas, com seus corpos. São o exército permanente, as milícias, os carcereiros, os policiais, os membros da força civil etc. Na maioria dos casos não há um livre exercício, seja do discernimento ou do senso moral, eles simplesmente se colocam ao nível da árvore, da terra e das pedras. E talvez se possam fabricar homens de madeira que sirvam igualmente a tal propósito. Tais homens não merecem respeito maior que um espantalho ou um monte de lama. O valor que possuem é o mesmo dos cavalos e dos cães. No entanto, alguns deles são até considerados bons cidadãos. Outros – como a maioria dos legisladores, políticos, advogados, ministros e funcionários públicos – servem ao Estado principalmente com seu intelecto, e, como raramente fazem qualquer distinção moral, estão igualmente propensos a servir tanto ao diabo, sem intenção de fazê-lo, quanto a Deus. Uns poucos – como os heróis, os patriotas, os mártires, os reformadores no melhor sentido e os homens – servem ao Estado também com sua consciência, e assim necessariamente resistem a ele, em sua maioria, e são comumente tratados como inimigos. Um homem sábio só será útil como homem e não se sujeitará ao papel de "barro" para "tapar um buraco que impeça o vento de entrar", mas deixará esta tarefa, ao menos, para suas cinzas:

> "Sou nobre demais para ser posse,
> Ser um subalterno no comando,
> Ou mesmo servo e instrumento útil
> A qualquer Estado soberano deste mundo."

Aquele que se dá inteiramente a seus semelhantes parece-lhes inútil e egoísta; aquele, porém, que a eles se dá parcialmente é considerado um benfeitor e um filantropo.

De que modo convém a um homem comportar-se em relação ao atual governo americano? Respondo que ele não poderá associar-se a tal governo sem desonra. Não posso, por um instante sequer, reconhecer como meu governo uma organização política que é também governo de escravos.

Todos os homens reconhecem o direito de revolução, isto é, o direito de recusar lealdade ao governo, e opor-lhe resistência, quando sua tirania ou sua ineficiência tornam-se insuportáveis. Mas quase todos dizem que não é este o caso no momento atual. Mas foi este o caso, pensam, na Revolução de 75 (2). Se alguém me dissesse que este é um mau governo porque tributa determinadas mercadorias estrangeiras trazidas a seus portos, é bastante provável que eu não movesse uma palha a respeito, já que posso passar sem elas. Todas as máquinas têm seu atrito, e isto possivelmente tem um lado bom que compensa o lado ruim. De qualquer modo, seria bastante nocivo fazer muito alvoroço por causa disso. Mas quando o atrito chega ao ponto de controlar a máquina, e a opressão e o roubo se tornam organizados, digo que não devemos mais ficar presos a tal máquina. Em outras palavras, quando um sexto da população de uma nação que se comprometeu a ser o abrigo da liberdade é formado por escravos, e um país inteiro é injustamente invadido e conquistado por um exército estrangeiro e submetido à lei militar, penso que não é demasiado cedo para os homens honestos se rebelarem e darem início a uma revolução. O que torna este dever ainda mais urgente é o fato de que o país invadido não é o nosso mas é nosso o exército invasor.

Paley [(3)], para muitos uma autoridade em questões morais, no capítulo que dedica ao "Dever de Submissão ao Governo Civil", reduz toda obrigação civil a uma questão de conveniência e prossegue afirmando que "uma vez que o interesse de toda a sociedade o exija, ou seja, uma vez que não se pode resistir ao governo estabelecido ou mudá-lo sem inconveniência pública, é vontade de Deus que o governo estabelecido seja obedecido, e não mais que isto. Admitindo-se este princípio, a justiça de cada caso particular de resistência reduz-se ao cálculo da quantidade de perigo e ressentimento, de um lado, e da probabilidade e do custo de repará-lo, de outro". A respeito disso, afirma, cada homem terá que julgar por si próprio. Mas Paley parece jamais ter contemplado os casos aos quais não se aplicam as regras de conveniência, em que um povo, tanto quanto um indivíduo, deve fazer justiça, custe o que custar. Se injustamente arrebatei a tábua de salvação a um homem que se afogava, devo devolvê-la a ele mesmo que me afogue. Isto, de acordo com Paley, seria inconveniente. Mas aquele que salvasse sua própria vida, em tal caso, acabaria por perdê-la. Este povo deve deixar de ter escravos e de fazer guerra ao México, mesmo que isso lhe custe sua existência como povo.

Em sua prática, as nações concordam com Paley. Mas será que alguém pensa que o estado de Massachusetts faz exatamente o que é direito na presente crise?

> "Uma meretriz de profissão, vestida de prata,
> Ergue a cauda do vestido,
> Mas sua alma se arrasta no lodo."

Falando de modo prático, os que se opõem a uma reforma em Massachusetts não são os cem mil políticos do Sul, mas os cem mil mercadores e fazendeiros daqui, que estão mais interessados no comércio e na agricultura do que na humanidade e não estão preparados para fazer justiça aos escravos e ao México, custe o que custar. Não brigo com inimigos distantes mas com aqueles que, aqui perto, cooperam com os que estão longe e cumprem suas ordens, e sem os quais os últimos seriam inofensivos. Estamos acostumados a dizer que a massa dos homens é despreparada, mas o progresso é lento porque a minoria não é substancialmente mais sábia ou melhor do que a maioria. Não é tão importante que a maioria seja tão boa quanto vós, mas sim que exista a bondade absoluta em alguma parte, pois isto fará fermentar toda a massa. Existem milhares de pessoas que se opõem teoricamente à escravidão e à guerra, e que, no entanto, efetivamente nada fazem para dar-lhes um fim; que, considerando-se filhos de Washington e Franklin, sentam-se com as mãos nos bolsos e dizem não saber o que fazer, e nada fazem; que chegam a postergar a questão da liberdade em nome da questão do livre comércio, e, serenamente, após o jantar, leem as listas com as cotações de preços junto com as últimas notícias do México, possivelmente dormindo sobre ambas. Qual é, hoje, a cotação de um homem honesto e de um patriota? Eles hesitam, e lamentam, e às vezes suplicam, mas não fazem nada a sério ou que seja eficaz. Esperarão, bem dispostos, que outros remediem o mal, para que não precisem mais lamentar. O máximo que fazem, quando o direito lhes passa perto, é dar-lhe um voto barato, mostrando-lhe uma expressão débil e desejando-lhe felicidades. Há novecentos e noventa e nove defensores da virtude para cada homem virtuoso. Mas é mais fácil lidar com quem verdadeiramente possui algo do que com quem apenas o guarda temporariamente.

Toda votação é uma espécie de jogo, como o de damas ou o gamão, com um leve matiz moral, um jogo com o certo e o errado, com questões morais, naturalmente acompanhado de apostas. O caráter dos votantes não está em discussão. Dou meu voto, talvez, ao que considero direito, mas não estou vitalmente interessado em que este direito prevaleça. Disponho-me a deixar isto nas mãos da maioria. A obrigação desta, portanto, jamais excede a da conveniência. Mesmo votar em favor do direito é não fazer coisa alguma por ele. Significa apenas expressar debilmente aos homens seu desejo de que ele prevaleça. Um homem sábio não deixará o direito à mercê do acaso, nem desejará que ele prevaleça por meio do poder da maioria. Não há senão uma escassa virtude na ação de multidões de homens. Quando a maioria finalmente votar a favor da abolição da escravidão, será porque esta lhe é indiferente ou porque não haverá senão um mínimo de escravidão a ser abolida por meio de seu voto. Eles, então, serão os únicos escravos. Somente o voto de quem afirma sua própria liberdade através desse voto pode apressar a abolição da escravidão.

Ouço falar de uma convenção a ser realizada em Baltimore, ou em algum outro lugar, para a escolha de um candidato à Presidência, formada principalmente por diretores de jornais e políticos profissionais. Mas pergunto: que importância tem para qualquer homem independente, inteligente e respeitável a decisão a que possam eles chegar? Não poderemos ter, apesar disso, os benefícios de sua sabedoria e honestidade? Não poderemos contar com alguns votos independentes? Não existirão no país muitos indivíduos que não participam de convenções? Mas não: vejo que o homem respeitável, chamado a participar, imediatamente se desvia de sua posição e passa a desesperar de seu país, quando este teria muito mais razões para desesperar dele. Sem demora, adota um dos candidatos assim escolhidos como o único candidato disponível, provando, deste modo, que ele próprio está disponível para quaisquer propósitos dos demagogos. Seu voto não tem mais valor que o de qualquer estrangeiro sem princípios ou o de algum mercenário nativo que tenha sido comprado. Oh, para um homem que é homem e que, como diz meu vizinho, tem uma espinha nas costas que não se deixa dobrar! Nossas estatísticas são equivocadas: a população foi estimada em excesso. Quantos homens existem em cada mil milhas quadradas deste país? Apenas um, se tanto. A América não oferecerá nenhum incentivo aos homens para que aqui se estabeleçam? O americano reduziu-se a um Sujeito Peculiar, que pode ser reconhecido pelo desenvolvimento de seu órgão gregário e pela manifesta ausência de intelecto e alegre autoconfiança; um sujeito cuja principal preocupação, ao chegar ao mundo, é verificar se os asilos de pobres estão em bom estado; e que, antes mesmo de ter legalmente vestido um uniforme varonil, já está coletando fundos para as viúvas e órfãos que possam porventura existir;

em suma, alguém que só se aventura a viver através da ajuda da Companhia de Seguros Mútuos, que prometeu enterrá-lo decentemente.

Não é dever de um homem, na verdade, devotar-se à erradicação de qualquer injustiça, mesmo a maior delas, pois ele pode perfeitamente estar absorvido por outras preocupações. Mas é seu dever, ao menos, lavar as mãos em relação a ela e, se não quiser mais levá-la em consideração, não lhe dar seu apoio em termos práticos. Se me dedico a outras ocupações e projetos, devo ao menos verificar, inicialmente, se não o faço sentando sobre os ombros de outro homem. Devo sair de cima dele, antes de mais nada, para que também ele possa ocupar-se de seus projetos. Vejam que gritante contradição se tolera. Ouvi alguns de meus concidadãos afirmarem: "Gostaria que me mandassem ajudar a sufocar uma insurreição de escravos ou marchar em direção ao México – vejam só se eu iria!". No entanto, estes mesmos homens, seja diretamente através de sua sujeição, ou indiretamente, pelo menos, através de seu dinheiro, forneceram substitutos para si mesmos. O soldado que se recusa a servir numa guerra injusta é aplaudido por aqueles que não se recusam a sustentar o governo injusto que faz a guerra, por aqueles cujos atos e autoridade ele negligencia e despreza, como se o Estado fosse penitente ao ponto de contratar alguém para castigá-lo enquanto peca mas não ao ponto de deixar de pecar por um momento sequer. Assim, em nome da Ordem e do Governo Civil, somos levados, finalmente, a homenagear e a sustentar nossa própria vileza. Depois do primeiro rubor do pecado vem a indiferença, e, de imoral, ela passa a ser, digamos, amoral, e não inteiramente desnecessária à vida que levamos.

O erro mais óbvio e geral, para sustentar-se, exige a virtude mais desinteressada. A leve censura a que a virtude do patriotismo encontra-se normalmente sujeita é exercida, com mais probabilidade, pelos homens nobres. Aqueles que, embora desaprovando o caráter e as medidas do governo, dão a ele sua lealdade e seu apoio, são indubitavelmente seus defensores mais conscienciosos e frequentemente tornam-se os mais sérios obstáculos à reforma. Alguns dirigem-se ao Estado pedindo que este dissolva a União, que desconsidere as solicitações do Presidente. Por que eles mesmos não dissolvem a união que existe entre eles e o Estado e não se recusam a pagar sua cota ao Tesouro? Não se mantêm, assim, em relação ao Estado, do mesmo modo que o Estado em relação à União? E não serão as mesmas razões que impediram o Estado de resistir à União que os impedem de resistir ao Estado?

Como pode um homem satisfazer-se com apenas ter uma opinião e deleitar-se com ela? Haverá nela algum deleite se sua opinião for a de que ele se sente lesado? Se teu vizinho te rouba um único dólar, não te contentarás em saber que foste roubado, ou em dizer que o foste, nem mesmo em pedir que ele pague o que te deve, mas tomarás providências efetivas para obter de volta toda a quantia e, ao mesmo tempo, para que não sejas novamente roubado. A ação baseada num princípio, a percepção e execução do direito, modifica coisas e relações; é essencialmente revolucionária e não condiz inteiramente com nada que lhe seja anterior. Ela não divide apenas Estados e Igrejas, mas também famílias, ah!, divide o indivíduo, separando nele o diabólico do divino.

Leis injustas existem: devemos contentar-nos em obedecer a elas ou esforçar-nos em corrigi-las, obedecer-lhes até triunfarmos ou transgredi-las desde logo? Num governo como este, os homens geralmente pensam que devem esperar até que a maioria seja persuadida a alterá-las. Pensam que, se resistissem ao governo, o remédio seria pior que o mal. Mas é culpa do próprio governo que o remédio seja, efetivamente, pior que o mal. É ele que o torna pior. Por que ele não está mais apto a antecipar e proporcionar a reforma? Por que não trata com carinho sua sábia minoria? Por que suplica e resiste antes de ser ferido? Por que não encoraja seus cidadãos a prontamente apontarem seus defeitos e a agirem melhor do que ele lhes pede? Por que sempre crucifica Cristo, excomunga Copérnico e Lutero e declara Washington e Franklin rebeldes?

Pode-se pensar que a deliberada e eficaz negação de sua autoridade tenha sido a única ofensa jamais levada em conta pelo governo. De outro modo, por que não lhe atribuiu ele uma penalidade definida, adequada e proporcional? Se um homem sem propriedade alguma recusa-se uma única vez a contribuir com nove xelins para o Estado, é aprisionado por um período de tempo ilimitado por qualquer lei que seja de meu conhecimento, e determinado apenas pelo critério pessoal daqueles que ali o colocaram. Mas tivesse ele roubado ao Estado noventa vezes nove xelins, teria sido sem demora posto em liberdade.

Se a injustiça faz parte do atrito necessário à máquina do governo, deixemos que assim seja: talvez amacie com o passar do tempo, e certamente a máquina irá se desgastar. Se a injustiça tem uma mola, polia, cabo ou manivela exclusivamente para si, talvez possamos questionar se o remédio não será pior que o mal. Mas se ela for de natureza tal que exija que nos tornemos agentes de injustiça para com os outros, então proponho que violemos a lei. Deixemos que nossas vidas sejam um antiatrito capaz de deter a máquina. O que devemos fazer, de qualquer maneira, é verificar se não nos estamos prestando ao mal que condenamos.

Quanto a adotar os meios que o Estado propiciou para remediar o mal, nada sei sobre eles. Levam tempo demais e a vida se esgotaria. Tenho outros assuntos com que me preocupar. Vim a este mundo não, principalmente, para fazer dele um bom lugar para se viver, mas para viver nele, seja bom ou mau. Um homem não tem que fazer tudo, mas algo, e não é porque não pode fazer tudo que precisa fazer este algo de maneira errada. Não tenho maior obrigação de enviar petições ao Governador ou à Legislatura do que eles a mim, e, se não atenderem a minhas solicitações, o que devo fazer? Mas neste caso o Estado não propicia solução alguma: o mal está em sua própria Constituição. Isto pode parecer rude, inflexível e hostil, mas é tratar com a máxima bondade e consideração o único espírito que pode apreciá-lo ou merecê-lo. E assim o são todas as mudanças para melhor, como o nascimento e a morte, que convulsionam o corpo.

Não hesito em dizer que aqueles que se autoproclamam abolicionistas deveriam, imediata e efetivamente, retirar seu apoio pessoal ou econômico ao governo de Massachusetts, e não esperar até que se constituam em maioria de um para só então obter o direito de predominar. Penso ser suficiente que tenham Deus a seu lado sem que precisem esperar por aquele homem a mais. Além disso, qualquer homem mais justo que seus semelhantes já constitui uma maioria de um.

Encontro diretamente, frente a frente, esse governo americano, ou seu representante, o governo do Estado, uma vez por ano – não mais – na pessoa do coletor de impostos. Este é o único modo pelo qual um homem na minha situação pode necessariamente encontrá-lo. E então ele afirma claramente: "Reconheça-me". E a maneira mais simples, mais efetiva e, no atual estado de coisas, mais indispensável de tratar com ele sobre este assunto, de expressar nossa pouca satisfação e carinho em relação a ele, então, é negá-lo. O coletor de impostos, meu semelhante, é exatamente o homem com quem tenho de tratar – pois, afinal, é com homens que brigo e não com pergaminhos – e ele escolheu voluntariamente ser um agente do governo. Como poderá ele saber, com certeza, o que é e o que faz como representante do governo, ou como homem, até que seja obrigado a decidir se irá tratar a mim, seu semelhante, por quem tem respeito, como um homem bem-intencionado e um seu semelhante, ou como um maníaco e perturbador da ordem, até que seja obrigado a ver se tem condições de superar este obstáculo a sua urbanidade sem um pensamento ou discurso mais rudes e impetuosos correspondentes a sua ação? Estou certo de que se mil, se cem, se dez homens aos quais pudesse nomear – se dez homens honestos apenas – ah, se um homem HONESTO, neste Estado de Massachusetts, deixando de manter escravos, decidisse realmente retirar-se desta sociedade e fosse por isto encarcerado, isso significaria o fim da escravidão nos Estados Unidos. Pois não importa quão limitado possa parecer o começo: aquilo que é bem feito uma vez está feito para sempre. Mas preferimos falar sobre isso: essa é a nossa missão, dizemos.

A reforma tem a seu serviço um grande número de jornais, mas nenhum homem. Se meu estimado semelhante, o representante do Estado, que dedica seus dias ao arranjo da questão dos direitos humanos na Câmara do Conselho, ao invés de ser ameaçado com as prisões da Carolina, assumisse a condição de prisioneiro de Massachusetts, este Estado sempre ansioso por impingir o pecado da escravidão a seu irmão – embora, no momento, possa apenas descobrir um ato de inospitalidade como base para uma disputa com ele –, a Legislatura não deixaria inteiramente de lado o assunto no próximo inverno.

Num governo que aprisiona qualquer pessoa injustamente, o verdadeiro lugar de um homem justo é também a prisão. O lugar apropriado, hoje, o único lugar que Massachusetts proporciona a seus espíritos mais livres e menos desesperançados, são seus cárceres, nos quais se verão aprisionados e expulsos do Estado, por ação deste, os mesmos homens que já haviam expulsado a si mesmos por seus princípios. É ali que deverão encontrá-los o escravo foragido, o prisioneiro mexicano em liberdade condicional e o índio que queiram protestar contra as injustiças sofridas por sua raça; naquele lugar à parte, embora mais livre e honroso, em que o Estado coloca aqueles que não estão com ele, mas contra ele – o único lugar num Estado escravo em que um homem livre pode viver com honra. Se alguém pensa que ali sua influência se perderá, que sua voz não mais atormentará os ouvidos do Estado e que ele não será como um inimigo dentro de suas muralhas, é porque não sabe o quanto a verdade é mais poderosa que o erro, nem o quão mais eloquente e eficazmente pode combater a injustiça aquele que já a tenha experimentado em sua própria carne. Dá o teu voto inteiro, não uma simples tira de papel, mas toda tua influência. Uma minoria é impotente enquanto se conforma à maioria, nem chega a ser uma minoria então, mas torna-se irresistível quando se põe a obstruir com todo o seu peso. Se a alternativa for a de manter todos os homens justos na prisão ou desistir da guerra e da escravidão, o Estado não hesitará em sua escolha. Se mil homens se recusassem a pagar seus impostos este ano, esta não seria uma medida violenta e sangrenta, como seria a de pagá-los e permitir ao Estado cometer violências e derramar sangue inocente. Esta é, de fato, a definição de uma revolução pacífica, se tal for possível. Se o coletor de impostos ou qualquer outro funcionário público perguntar-me, como um deles já o fez, "Mas o que devo fazer?", minha resposta será: "Se deseja realmente fazer algo, peça demissão". Quando o súdito recusar sua lealdade e o funcionário demitir-se de seu cargo, então a revolução terá se realizado. Mas suponhamos, até, que deva correr sangue. Já não se derrama uma espécie de sangue quando a consciência é ferida? Através deste ferimento esvai-se a verdadeira coragem e imortalidade de um homem, e ele sangra até a morte. Vejo este sangue correndo neste momento.

Refleti sobre o aprisionamento do ofensor e não sobre o confisco de seus bens, embora ambos possam servir ao mesmo propósito, porque aqueles que afirmam o mais puro direito, e são, consequentemente, mais perigosos para um Estado corrupto, normalmente não passaram muito tempo a acumular propriedades. A esses, o Estado presta, comparativamente, pouco serviço, e um pequeno imposto costuma ser visto como exorbitante, particularmente se são obrigados a ganhá-lo com suas próprias mãos. Se houvesse alguém que pudesse viver inteiramente sem o uso de dinheiro, o próprio Estado hesitaria em exigir-lhe pagamento. Mas o homem rico – sem querer fazer nenhuma comparação invejosa – está sempre vendido à instituição que o faz rico. Falando em termos absolutos, quanto mais dinheiro, menos virtude, pois o dinheiro se interpõe entre um homem e seus objetivos, e os obtém para ele, e certamente não há grande virtude em fazê-lo. O dinheiro abafa muitas questões que, de outro modo, este homem seria levado a responder, ao mesmo tempo em que a única nova questão que lhe propõe é a difícil, embora supérflua, questão de saber como gastá-lo. Assim, seu fundamento moral lhe é retirado de sob os pés. As oportunidades de viver diminuem na proporção em que aumenta o que se chama de "meios". O melhor que um homem pode fazer por sua cultura, quando enriquece, é tentar pôr em prática os planos que concebeu quando pobre. Cristo respondeu ao herodianos de acordo com sua situação. "Mostrai-me o dinheiro do tributo", disse, e um deles tirou uma moeda do bolso. Se usais dinheiro com a imagem de César gravada, e que ele tornou corrente e útil, ou seja, se sois homens do Estado, e de bom grado desfrutais as vantagens do governo de César, então devolvei a ele um pouco do que lhe pertence quando ele assim o exigir. "Logo, dai a César o que é de César, e a Deus o que é de Deus", disse, deixando-os sem saber mais do que antes a respeito de qual era qual, pois não desejavam sabê-lo.

Quando converso com os mais livres dos meus semelhantes, percebo que, seja o que for que digam sobre a magnitude e seriedade do problema, e sobre sua preocupação com a tranquilidade pública, o cerne da questão é que não podem dispensar a proteção do governo existente e temem as consequências que possam advir para suas propriedades e suas famílias da desobediência a ele. De minha parte, não gostaria de pensar que alguma vez tenha confiado na proteção do Estado. No entanto, se nego a autoridade do Estado quando ele me apresenta a conta dos impostos, logo ele irá se apossar de meu patrimônio e dissipá-lo, molestando-me, assim, interminavelmente, bem como aos meus filhos. Isso é injusto. Isso torna impossível a um homem viver honestamente, e ao mesmo tempo confortavelmente, no que diz respeito às circunstâncias exteriores. Não valerá a pena acumular propriedades, pois com certeza estas seriam novamente confiscadas. Deves arrendar ou ocupar terra devoluta num lugar qualquer, plantar não mais que uma pequena safra e consumi-la imediatamente. Deves viver contigo e depender só de ti, sempre arrumado e pronto para partir, e não ter muitos negócios. Um homem pode enriquecer até mesmo na Turquia, se for, em todos os aspectos, um bom súdito do governo turco. Confúcio disse: "Se um Estado for governado pelos princípios da razão, a pobreza e a miséria serão objeto de vergonha; se um Estado não for governado pelos princípios da razão, a riqueza e as honrarias serão objeto de vergonha". Não: até que eu queira que a proteção de Massachusetts me seja proporcionada em algum distante porto do Sul em que minha liberdade seja ameaçada, ou até que eu me veja exclusivamente voltado para o desenvolvimento de uma propriedade em seu território, através de um empreendimento pacífico, posso permitir-me recusar obediência a Massachusetts e seu direito a minha vida e meu patrimônio. Custa-me menos, em todos os sentidos, incorrer na pena de desobediência ao Estado do que me custaria obedecer-lhe. Neste caso, eu haveria de me sentir diminuído.

Há alguns anos, o Estado veio ao meu encontro, em nome da Igreja, e mandou-me pagar uma certa quantia em benefício de um padre a cujas pregações meu pai comparecia, mas a que eu mesmo jamais comparecera. "Paga", disse, "ou serás preso". Eu me recusei a pagar, mas, infelizmente, outro homem houve por bem fazê-lo. Eu não via por que o mestre-escola deveria pagar um imposto para sustentar o padre, e não o contrário, já que eu não era um mestre-escola do Estado mas me mantinha através de subscrição voluntária. Não via por que a escola não deveria apresentar sua conta de impostos e fazer com que o Estado atendesse a suas exigências, assim como a Igreja. Contudo, a pedido dos conselheiros municipais, concordei em fazer, por escrito, uma declaração como esta: "Saibam todos, pela presente, que eu, Henry Thoreau, não desejo ser considerado membro de nenhuma sociedade juridicamente constituída à qual não tenha me associado". Entreguei-a ao secretário da câmara municipal, que a guarda com ele. Desde então, o Estado, tendo tomado conhecimento de que eu não desejava ser considerado membro daquela igreja, nunca mais me fez tal exigência, embora dissesse que precisava manter-se fiel a sua presunção inicial naquela época. Se eu tivesse como especificá-las então, teria identificado minuciosamente todas as sociedades às quais não pertencia. Mas não soube onde encontrar uma lista completa delas.

Não pago imposto individual há seis anos. Por causa disso, certa vez, fui colocado na cadeia por uma noite. E, enquanto contemplava as sólidas paredes de pedra, com dois ou três pés de espessura, a porta de madeira e ferro, com um pé de espessura, e a grade de ferro que filtrava a luz, não pude deixar de ficar impressionado com a insensatez daquela instituição que me tratava como se eu fosse um mero amontoado de carne, sangue e ossos, pronto para ser aprisionado. Estranhei que ela tenha concluído, por fim, que aquele fosse o melhor uso que poderia fazer de mim e que não tenha pensado em aproveitar-se de meus serviços de algum modo. Vi que, se havia um muro de pedra entre eu e meus concidadãos, havia um outro ainda mais difícil de galgar e transpor para que eles pudessem tornar-se tão livres quanto eu. Não me senti aprisionado sequer por um momento e aqueles muros pareceram-me um enorme desperdício de pedra e argamassa. Sentia-me como se apenas eu, entre todos meus concidadãos, tivesse pago o imposto. Eles claramente não sabiam como tratar-me mas portavam-se como pessoas mal-educadas. Em cada ameaça e em cada cumprimento havia um disparate, por pensarem que meu maior desejo era estar do outro lado daquele muro de pedra. Eu não podia senão sorrir ao ver quão diligentemente fechavam a porta às minhas meditações, que os perseguiam totalmente desimpedidas, e eles é que eram, na verdade, tudo de perigoso. Como não podiam alcançar-me, resolveram punir meu corpo; como meninos que, não conseguindo atacar alguém que odeiam, maltratam-lhe o cão. Vi que o Estado era irresponsável, tímido como uma mulher solitária com suas colheres de prata, e que não sabia distinguir seus amigos de seus inimigos, e perdi o resto de respeito que ainda nutria por ele, e tive pena dele.

Portanto, o Estado nunca enfrenta intencionalmente a consciência intelectual ou moral de um homem, mas apenas seu corpo, seus sentidos. Não está equipado com inteligência ou honestidade superiores, mas com força física superior. Não nasci para ser forçado a nada. Respirarei a meu próprio modo. Vejamos quem é o mais forte. Que força tem uma multidão? Só pode forçar-me aquele que obedece a uma lei mais alta que a minha. Forçam-me a tornar-me como eles. Não sei de homens que tenham sido forçados a viver desta ou daquela maneira por uma massa de homens. Que espécie de vida seria essa? Quando me deparo com um governo que diz "Teu dinheiro ou tua vida", por que deveria apressar-me em dar-lhe meu dinheiro? Ele pode estar em grande dificuldade e não saber o que fazer, mas não posso ajudá-lo nisso. Ele deve ajudar a si mesmo, fazer como eu faço. Não vale a pena lamuriar-se. Não sou responsável pelo bom funcionamento da maquinaria da sociedade. Não sou o filho do maquinista. Observo que, quando uma bolota de carvalho e uma castanha caem lado a lado, uma não se mantém inerte para dar lugar à outra, mas ambas obedecem às próprias leis, e desenvolvem-se e crescem e florescem tão bem quanto podem, até que uma delas, talvez, domine e destrua a outra. Se uma planta não consegue viver de acordo com sua natureza, ela morre, e assim também um homem.

A noite que passei na prisão foi bastante inusitada e interessante. Quando lá entrei, os prisioneiros, em mangas de camisa, conversavam e aproveitavam o ar da noite perto da entrada. Mas o carcereiro disse: “Vamos lá, rapazes, é hora de fechar”, e assim eles debandaram, e pude ouvir o som de seus passos retornando às celas vazias. Meu companheiro de cela foi-me apresentado pelo carcereiro como “um camarada de primeira e um homem inteligente”. Quando a porta foi fechada, ele me mostrou onde pendurar meu chapéu e como lidava com as coisas ali. As celas eram caiadas uma vez por mês, e aquele, pelo menos, era o aposento mais alvo, o mais simplesmente mobiliado e provavelmente o mais asseado da cidade. Naturalmente, ele quis saber de onde eu vinha e o que me levara até ali. E, depois de ter lhe contado, perguntei-lhe igualmente como tinha ido parar ali, presumindo, é claro, que fosse um homem honesto. E, do jeito que anda o mundo, acredito que o fosse. “Bem”, disse ele, “fui acusado de incendiar um celeiro, mas não o fiz”. Tanto quanto pude constatar, ele provavelmente fora dormir bêbado num celeiro, fumara ali seu cachimbo e assim incendiara o celeiro. Tinha a fama de ser um homem inteligente, estava ali há cerca de três meses esperando que seu julgamento fosse realizado e ainda teria que esperar outro tanto, mas encontrava-se bastante domesticado e satisfeito, já que tinha casa e comida de graça e achava que era bem tratado.

Ele ocupava uma das janelas e eu a outra, e descobri que, se alguém ficasse ali por muito tempo, sua principal ocupação seria a de ficar olhando pela janela. Em pouco tempo eu havia lido todos os panfletos que tinham sido deixados ali, e examinado por onde antigos prisioneiros haviam escapado, e onde uma grade havia sido serrada, e escutado a história dos vários ocupantes daquela cela, pois descobri que mesmo ali havia histórias e boatos que nunca haviam circulado além dos muros da prisão. Esta é provavelmente a única casa da cidade em que se compõem versos que são posteriormente impressos sob forma de circular mas não são publicados. Mostraram-me uma lista bastante longa de versos compostos por alguns jovens que haviam sido descobertos numa tentativa de fuga e que se vingaram cantando-os.

Tirei o máximo que pude de meu companheiro de cela, temendo que não voltasse a vê-lo nunca mais, mas ele, afinal, mostrou-me qual era a minha cama e deixou-me com a missão de apagar a lamparina.

Dormir ali por uma noite foi como viajar para um país distante, que eu jamais esperara conhecer. Pareceu-me que eu nunca antes tinha ouvido a batida do relógio da cidade, nem os sons noturnos da vila, pois dormíamos com as janelas abertas, que eram gradeadas por fora. Era como ver minha vila natal à luz da Idade Média, e nosso Concord transformava-se num riacho como os do Reno, e visões de cavaleiros e castelos passavam diante de meus olhos. Eram as vozes dos velhos cidadãos dos burgos que eu ouvia nas ruas. Eu era um espectador e um ouvinte involuntário de tudo que era dito e feito na cozinha da estalagem contígua – uma experiência totalmente nova e rara para mim. Era uma visão mais minuciosa de minha cidade natal. Eu estava completamente dentro dela. Nunca havia enxergado suas instituições antes. Aquela era uma de suas instituições peculiares, pois era um condado. Comecei a compreender com que se ocupavam seus habitantes.

Pela manhã, nosso desjejum era passado através da vigia da porta, em pequenas vasilhas de lata retangulares que continham meio litro de chocolate, pão preto e uma colher de ferro. Quando pediram de volta as vasilhas, minha inexperiência me fez devolver o pão que me sobrara, mas meu companheiro agarrou-o e disse que eu deveria guardá-lo para o almoço ou o jantar. Pouco depois, deixaram-no sair para trabalhar num campo de feno próximo dali, para onde ia todos os dias, e, como estaria de volta só depois do meio-dia, disse-me adeus, pois duvidava que fosse me ver outra vez.

Quando saí da prisão – pois alguém interferiu e pagou aquele imposto – não achei que grandes mudanças houvessem ocorrido nas coisas comuns, como o faria alguém que tivesse entrado jovem na prisão e dela saísse já grisalho e cambaleante. Mesmo assim, aos meus olhos, ocorrera uma mudança no cenário – na cidade, no estado, no país –, uma mudança maior do que qualquer outra que pudesse ser efetuada pela mera passagem do tempo. Enxerguei ainda mais claramente o Estado em que vivia. Vi até que ponto podia confiar, como bons vizinhos e amigos, nas pessoas entre as quais vivia. Vi que sua amizade valia apenas para o tempo bom, que eles não se propunham muito a praticar o bem. Vi que eram de uma raça diferente da minha, tanto quanto os chineses e os malaios, devido a seus preconceitos e superstições; que, em seus sacrifícios pela humanidade, não colocavam nada em risco, nem mesmo seu patrimônio; que, afinal de contas, não eram assim tão nobres, pois tratavam o ladrão como este os havia tratado, e esperavam, através de certas observâncias exteriores, de umas poucas preces e de andarem por um determinado caminho reto, porém inútil, de tempos em tempos, salvar suas almas. Isto pode parecer um julgamento demasiado severo de meus próximos, pois acredito que muitos deles não estejam conscientes da existência de uma instituição como a cadeia em sua vila.

Antigamente era costume em nossa vila, quando um pobre devedor saía da cadeia, seus conhecidos o saudarem olhando-o através dos dedos, que eram cruzados para representar as grades de uma janela de prisão, e dizendo "Como vai?". Meus conterrâneos não me saudaram desta forma, mas primeiro olharam para mim, depois uns para os outros, como se eu tivesse retornado de uma longa jornada. Eu tinha sido preso enquanto me dirigia ao sapateiro para buscar um sapato que precisara de conserto. Quando saí, na manhã seguinte, tratei de completar minha pequena missão e, já calçando meu sapato consertado, juntei-me à turma do huckleberry [(4)], que estava impaciente para ser por mim conduzida e, depois de meia hora – pois o cavalo fora atrelado em seguida –, encontrávamo-nos no meio de um campo de huckleberry, numa de nossas colinas mais altas, a duas milhas de distância, e logo já não podíamos enxergar o Estado em parte alguma.

Esta é toda a história das "Minhas Prisões".

Nunca me recusei a pagar o imposto rodoviário, pois desejo tanto ser um bom vizinho quanto um mau súdito. E, quanto a sustentar as escolas, faço minha parte educando hoje meus concidadãos. Não é por nenhum item específico da lista de impostos que me recuso a pagá-la. Simplesmente desejo recusar sujeição ao Estado, afastar-me dele e manter-me à parte de modo efetivo. Não me interessa traçar a rota de meu dólar, mesmo que pudesse, até o ponto em que ele compre um homem ou um mosquete para matar um homem – o dólar é inocente –, mas a mim interessa rastrear os efeitos de minha sujeição. Na verdade, serenamente declaro guerra ao Estado, a meu modo, embora eu ainda possa vir a usá-lo e obter dele as vantagens que puder, como é comum nestes casos.

Se outros pagam o imposto que me é exigido, por solidariedade ao Estado, fazem simplesmente o que já haviam feito em seus próprios casos, ou, mais exatamente, favorecem a injustiça numa extensão maior que a exigida pelo Estado. Se pagam o imposto devido a um interesse equivocado pelo indivíduo taxado, para salvar seu patrimônio ou impedir que ele vá para a cadeia, é porque não avaliaram sensatamente até que ponto permitem que seus sentimentos pessoais interfiram no bem público.

Esta é, portanto, minha posição atual. Num caso como esse, porém, nunca se pode estar demasiadamente em guarda, para que nossa ação não seja influenciada pela obstinação ou por uma indevida consideração pelas opiniões dos homens. Tratemos de fazer apenas aquilo que nos seja próprio e oportuno.

Às vezes, penso: ora, essas pessoas são bem-intencionadas, mas são ignorantes. Agiriam melhor se soubessem como fazê-lo: por que dar a nossos concidadãos o incômodo de tratar-nos de uma maneira pela qual não se mostram inclinados? Mas penso melhor: isto não é razão para que eu aja como eles ou permita que outros sofram um incômodo muito maior, de um tipo diferente. Digo a mim mesmo, também: quando muitos milhões de homens, sem ódio, sem hostilidade, sem sentimentos pessoais de qualquer espécie, exigem de ti apenas uns poucos xelins, sem a possibilidade, por seu temperamento, de retraírem-se ou de alterarem sua atual demanda, e sem a possibilidade, de tua parte, de apelar para quaisquer outros milhões, por que expor-te a esta força bruta e esmagadora? Não resistes tão obstinadamente ao frio e à fome, aos ventos e às ondas; submetes-te serenamente a mil necessidades semelhantes. Não colocas tua cabeça no fogo. Mas na exata medida em que considero que esta não é uma força inteiramente bruta, mas parcialmente humana, e que me relaciono com esses milhões de homens tanto quanto com outros milhões, e não simplesmente com coisas brutas ou inanimadas, vejo que se torna possível um apelo, antes de mais nada, deles ao seu Criador, e, em segundo lugar, deles a eles mesmos. Porém, se eu colocar deliberadamente minha cabeça no fogo, não haverá apelo que possa fazer ao fogo ou ao seu Criador, e só poderei culpar a mim mesmo. Se eu pudesse convencer-me de que tenho algum direito de estar satisfeito com os homens tais como são, e de tratá-los de acordo com isso, e não de acordo, em alguns aspectos, com minhas exigências e expectativas quanto ao que eles e eu devamos ser, então, como um bom muçulmano e fatalista, deveria empenhar-me para me satisfazer com as coisas como elas são, e dizer que esta é a vontade de Deus. E, acima de tudo, existe uma diferença entre resistir a isto e a uma força puramente bruta ou natural, que é a de que posso resistir a isto com algum sucesso, mas não posso esperar, como Orfeu, mudar a natureza das rochas, das árvores e dos animais.

Não desejo brigar com nenhum homem ou nação. Não quero entrar em minúcias desnecessárias, nem fazer distinções sutis, nem pretendo parecer melhor do que meus semelhantes. Ao contrário, posso dizer que até mesmo procuro uma desculpa para conformar-me com as leis da terra.

Estou mesmo pronto a conformar-me com elas. Na verdade, tenho razões para suspeitar de mim mesmo quanto a este assunto. E todo ano, quando reaparece o coletor de impostos, vejo-me disposto a rever os atos e a posição do governo geral e do Estado, e o espírito do povo, para descobrir um pretexto para a conformidade.

Devemos amar nossa pátria como a nossos pais;
E se em algum momento deixarmos de dedicar-lhe
Nosso amor e nossos cuidados,
Devemos honrar o afeto e ensinar à alma
As coisas da consciência e da religião,
E não o desejo de poder ou benefício.

Acredito que o Estado logo será capaz de me tirar das mãos todo trabalho desse tipo e então não serei melhor patriota que meus conterrâneos. Analisada de um ponto de vista inferior, a Constituição, com todos os seus defeitos, é muito boa; a lei e os tribunais são muito respeitáveis; mesmo este Estado e este governo americano são, sob muitos aspectos, bastante raros e admiráveis, como muitos já os descreveram, e podemos ser gratos a eles. Porém, analisados de um ponto de vista um pouco mais elevado, eles são exatamente aquilo que descrevi, e, vistos de um lugar ainda mais alto, do topo mesmo, quem poderá dizer o que eles são ou que merecem ser apreciados e ser objeto de nossos pensamentos?

Entretanto, o governo não me interessa tanto assim, e dedicarei a ele o menor número possível de pensamentos. Não são muitos os momentos em que vivo sob um governo, mesmo neste mundo. Se um homem pudesse não ter mais pensamentos, fantasias ou imaginação, algo que jamais poderia lhe acontecer por um tempo muito longo, então, fatalmente, os governantes ou reformadores insensatos não poderiam interrompê-lo.

Sei que a maioria dos homens pensa de modo diferente do meu, mas aqueles que dedicam suas vidas profissionais ao estudo deste e de outros assuntos afins contentam-me tão pouco quanto os demais. Os estadistas e legisladores, situando-se tão completamente dentro da instituição, nunca a contemplam nítida e abertamente. Falam de uma sociedade em movimento, mas fora dela não têm nenhum lugar onde descansar. Podem ser homens de certa experiência e discernimento, e sem dúvida inventaram sistemas engenhosos e mesmo úteis, pelos quais sinceramente lhes agradecemos. Mas todo seu engenho e utilidade situam-se dentro de limites não muito amplos. Costumam esquecer que o mundo não é governado pela sagacidade e pela conveniência. Webster [5] nunca chega aos bastidores do governo e, portanto, não pode falar com autoridade sobre ele. Suas palavras são a própria sabedoria para aqueles legisladores que não consideram fazer nenhuma reforma essencial no governo existente. Mas para aqueles que pensam, e para os que legislam para todos os tempos, ele não chega sequer a vislumbrar o assunto. Sei de alguns cujas serenas e sábias especulações a respeito deste tema logo colocariam em evidência os limites da amplitude e da receptividade da mente de Webster. Mesmo assim, comparadas com as manifestações ordinárias da maioria dos reformadores, e com a sabedoria e a eloquência ainda mais ordinárias dos políticos em geral, suas palavras são quase as únicas palavras sensatas e válidas, e agradecemos aos Céus por ele. Comparativamente, ele é sempre forte, original e, sobretudo, prático. No entanto, sua virtude é a prudência, não a sabedoria. A verdade do advogado não é Verdade, mas coerência, ou uma conveniência coerente. A Verdade está sempre em harmonia consigo própria e não se preocupa primordialmente em exibir a justiça que possa condizer com o mal. Webster bem merece ser chamado, como realmente o foi, de Defensor da Constituição. Não há, realmente, outros golpes que ele possa desferir senão os defensivos. Ele não é um líder, mas um seguidor. Seus líderes são os homens de 87 [(6)]. "Nunca fiz qualquer esforço", diz, "nem me proponho a fazê-lo; nunca apoiei qualquer esforço, e nem pretendo fazê-lo um dia, no sentido de perturbar o acordo originalmente feito pelo qual os vários Estados constituíram a União." Contudo, pensando na sanção que a Constituição concede à escravidão, ele diz: "Deixêmo-la permanecer, já que fazia parte do arranjo original". A despeito de sua notável agudeza e capacidade, ele é incapaz de isolar um fato de suas relações meramente políticas e contemplá-lo em termos absolutos, como convém ao intelecto considerá-lo – por exemplo, o que cabe a um homem fazer hoje, na América, com relação à escravidão. Aventura-se, porém, ou é levado a fazer declarações desesperadas como as seguintes, embora reconheça estar falando em termos absolutos e como particular – que novo e singular código de deveres sociais pode ser inferido disto? "A maneira pela qual", afirma, "os governos dos Estados onde existe a escravidão deverão regulamentá-la será a de levar em consideração as leis gerais da propriedade, humanidade e justiça, além de seu temor a Deus, por força da responsabilidade perante seus constituintes. Associações formadas alhures, nascidas de um sentimento humanitário ou de qualquer outra causa, não têm absolutamente nada a ver com ela. Jamais receberam qualquer encorajamento de minha parte e jamais o receberão."

Aqueles que não conhecem fontes mais puras de verdade, que não seguiram seu curso até mais alto, apoiam-se, sabiamente, na Bíblia e na Constituição, e bebem-na ali com reverência e humildade;

mas aqueles que contemplam o lugar de onde ela verte para este lago ou aquela lagoa, arregaçam as mangas mais uma vez e continuam sua peregrinação até suas nascentes.

Nenhum homem com gênio para legislar apareceu na América. Eles são raros até na história do mundo. Existem oradores, políticos e homens eloquentes aos milhares, mas ainda não abriu a boca para falar aquele interlocutor capaz de resolver as questões mais discutidas do momento. Amamos a eloquência pela eloquência e não por qualquer verdade que possa exprimir ou por qualquer heroísmo que possa inspirar. Nossos legisladores ainda não aprenderam o valor comparativo que têm o livre comércio e a liberdade, a união e a retidão, para uma nação. Não têm gênio ou talento para as questões relativamente modestas de tributação e finanças, comércio, manufaturas e agricultura. Se nos deixássemos guiar exclusivamente pela palavrosa sabedoria dos legisladores do Congresso, sem que esta fosse corrigida pela oportuna experiência e pelas efetivas reclamações do povo, os Estados Unidos não sustentariam por muito tempo o lugar que ocupam entre as nações. Há mil e oitocentos anos, embora eu talvez não tenha o direito de dizê-lo, o Novo Testamento foi escrito. E, no entanto, onde está o legislador com sabedoria e talento prático bastante para tirar proveito da luz que ele lança sobre a ciência da legislação?

A autoridade do governo, mesmo aquela a que estou disposto a me submeter – pois obedecerei com prazer àqueles que saibam e possam fazer melhor do que eu, e, em muitas coisas, mesmo àqueles que não saibam nem possam fazer tão bem –, é ainda uma autoridade impura: para ser rigorosamente justa, ela deve ter a sanção e o consentimento dos governados. Não pode ter nenhum direito puro sobre minha pessoa e meu patrimônio, apenas aquele que lhe concedo. O progresso de uma monarquia absoluta para uma monarquia limitada e desta para uma democracia é um progresso no sentido de um verdadeiro respeito pelo indivíduo. Mesmo o filósofo chinês foi sábio bastante para ver no indivíduo a base do império. Será a democracia, tal como a conhecemos, o último desenvolvimento possível em matéria de governo? Não será possível dar um passo mais além no sentido do reconhecimento e da organização dos direitos do homem? Jamais haverá um Estado realmente livre e esclarecido até que este venha a reconhecer o indivíduo como um poder mais alto e independente, do qual deriva todo seu próprio poder e autoridade, e o trate da maneira adequada. Agrada-me imaginar um Estado que, afinal, possa permitir-se ser justo com todos os homens e tratar o indivíduo com respeito, como um seu semelhante; que consiga até mesmo não achar incompatível com sua própria paz o fato de uns poucos viverem à parte dele, sem intrometer-se com ele, sem serem abarcados por ele, e que cumpram todos os seus deveres como homens e cidadãos. Um Estado que produzisse este tipo de fruto, e que o deixasse cair assim que estivesse maduro, prepararia o caminho para um Estado ainda mais perfeito e glorioso, que também imaginei, mas que ainda não avistei em parte alguma.

NOTAS:

(1) Guerra de 1846 entre os EUA e o México.

(2) Refere-se ao ano de 1775, que marca o início da revolução da independência dos EUA.

(3) William Paley (1743-1805), teólogo inglês que escreveu *Princípios de Filosofia Moral e Política.*

(4) Mirtilo norte-americano, planta da família das ericáceas.

(5) Daniel Webster (1782-1852), advogado, estadista e orador norte-americano.

(6) 1787, ano da Convenção de Filadélfia, que elaborou uma constituição para os EUA.

LEITURAS

(EXTRAÍDO DE WALDEN)

Com um pouco mais de deliberação na escolha de seus propósitos, todos os homens, talvez, pudessem tornar-se essencialmente estudantes e observadores, pois certamente sua natureza e seu destino interessam igualmente a todos. Ao acumularmos riquezas para nós mesmos ou para nossa posteridade, ao fundarmos uma família ou um Estado, ou mesmo ao adquirirmos fama, somos mortais; porém, ao lidarmos com a verdade tornamo-nos imortais e não precisamos temer mudanças ou acidentes. O mais antigo filósofo egípcio ou hindu levantou a extremidade do véu que cobria a estátua da divindade; o trêmulo manto permanece erguido e posso mirá-la em sua glória tão bem quanto ele, já que fui eu nele a ser tão ousado, e é ele em mim que agora pode rememorar a visão. Nenhuma poeira acumulou-se naquele manto, nenhum tempo se passou desde que aquela divindade foi revelada. O tempo que realmente aproveitamos, ou que pode ser aproveitado, não é passado nem presente nem futuro.

Minha casa era mais propícia do que uma universidade não só ao pensamento mas também às leituras sérias. E embora eu estivesse fora do alcance da usual biblioteca circulante, mais do que nunca estava sob a influência daqueles livros que circulam pelo mundo, cujas sentenças foram primeiramente escritas em cascas de árvores e são agora simplesmente copiadas, de tempos em tempos, em papel de linho. Diz o poeta Mîr Camar Uddîn Mast: "Sentado para percorrer as regiões do mundo espiritual, obtive dos livros esta vantagem. Intoxicar-se com uma única taça de vinho: experimentei este prazer ao beber o licor das doutrinas esotéricas". Mantive a *Ilíada* de Homero sobre a mesa durante todo o verão, embora percorresse suas páginas só de vez em quando. O trabalho manual incessante, antes de mais nada – pois tinha que terminar minha casa e cuidar de meus feijões ao mesmo tempo – impossibilitou-me de estudar mais. Contudo, animava-me a perspectiva de fazer tais leituras no futuro. Li um ou dois livros de viagem banais nos intervalos de meu trabalho até que essa ocupação me fez ficar envergonhado e me perguntei, afinal, em que lugar estava vivendo.

O estudante pode ler Homero ou Ésquilo em grego sem perigo de dissipação ou luxo, pois isto implica que, em alguma medida, ele imita seus heróis e consagra as horas matinais à leitura de suas páginas. Os livros heroicos, mesmo que impressos em nossa língua materna, estarão sempre escritos numa língua morta aos olhos de épocas corrompidas, e precisaremos laboriosamente procurar o significado de cada palavra ou verso, supondo um sentido mais amplo que o permitido pelo uso comum, baseados na sabedoria, no valor e na generosidade que possuirmos. A moderna, fértil e barata impressão de livros, com todas as suas traduções, fez muito pouco no sentido de nos aproximar dos escritores heroicos da antiguidade. Eles nos parecem tão solitários como sempre, assim como a letra na qual foram impressos permanece tão singular e rara quanto antes. Vale a pena despender dias juvenis e horas preciosas para se aprender algumas palavras de uma língua antiga, que se erguem da trivialidade das ruas para se transformarem em perpétuas sugestões e provocações. Não é em vão que o lavrador recorda e repete as poucas palavras latinas que ouviu. Os homens às vezes falam como se o estudo dos clássicos fosse finalmente dar lugar a estudos mais modernos e práticos, mas o estudante ousado sempre estudará os clássicos, seja qual for a língua em que estejam escritos e por mais antigos que possam ser. Pois o que são os clássicos senão o registro dos mais nobres pensamentos do homem? Eles são os únicos oráculos que não decaíram e neles encontramos respostas às questões mais atuais como não nos poderiam dar Delfos ou Dodona. Poderíamos também deixar de estudar a Natureza por ser velha. Ler bem, isto é, ler livros verdadeiros com um espírito verdadeiro, é um nobre exercício, que exigirá do leitor mais do que qualquer outro apreciado pelos hábitos de sua época. Requer um treinamento igual ao que se submetem os atletas, a tenaz dedicação de quase toda a vida a este objetivo. Os livros devem ser lidos tão deliberada e reservadamente quanto foram escritos. Não é suficiente nem mesmo sermos capazes de falar a língua do país para o qual foram escritos, pois existe uma notável distância entre a língua falada e a escrita, a língua que se ouve e a língua que se lê. Uma é normalmente transitória, um som, uma fala, um simples dialeto, quase inculto, que aprendemos inconscientemente, como os animais, com nossa mãe. A outra é a maturidade e a experiência da primeira; se aquela é nossa língua materna, esta é nossa língua paterna, uma expressão reservada e seleta, significativa demais para ser percebida pelo ouvido, e que exigiria que nascêssemos outra vez para a podermos falar.

As massas de homens que simplesmente *falavam* grego e latim na Idade Média não estavam habilitadas, pelo mero acidente de nascimento, a *ler* as obras geniais escritas naquelas línguas, pois elas não estavam escritas no grego ou latim que conheciam, mas na seleta linguagem da literatura. Aqueles homens não haviam aprendido os nobres dialetos da Grécia e de Roma, e o próprio material em que estavam escritos era para eles papel inútil. Ao invés disso, prezavam a literatura barata da época. Mas quando os diversos países da Europa desenvolveram suas próprias línguas escritas – que, embora rudes, eram suficientes para os propósitos de suas nascentes literaturas – aquele primeiro aprendizado foi revivido, e os eruditos puderam perceber, ocultos naqueles tempos remotos, os tesouros da antiguidade. Aquilo que as multidões gregas e romanas não *ouviam*, uns poucos sábios puderam *ler*, depois de um intervalo de séculos, e ainda hoje uns poucos sábios continuam a ler.

Por mais que admiremos as ocasionais explosões de eloquência de um orador, as mais nobres palavras escritas situam-se normalmente tão além ou acima da fugaz língua falada quanto o firmamento com suas estrelas encontra-se além das nuvens. Há estrelas, e aqueles que podem lê-las. Os astrônomos eternamente as estão observando e explicando. Elas não são emanações como nossos colóquios diários e nossas impalpáveis respirações. Aquilo que se chama de eloquência no tribunal é normalmente entendido como retórica nos estudos. O orador entrega-se à inspiração de um momento passageiro e fala para a multidão à sua frente, para aqueles que podem *ouvi-lo*; o escritor, porém, que encontra seu momento na vida serena e que seria perturbado pelos incidentes e pela multidão que inspiram o orador, fala para o intelecto e o coração da humanidade, para todos, em qualquer época, que possam *compreendê-lo*.

Não admira que, em suas expedições, Alexandre levasse consigo a *Ilíada*, guardada num precioso escrínio. Uma palavra escrita é a mais fina das relíquias. É algo ao mesmo tempo mais íntimo e mais universal que qualquer outra obra de arte. É a obra de arte que mais se aproxima da vida. Pode ser traduzida para qualquer língua e não apenas ser lida mas aspirada por todos os lábios humanos; pode ser não apenas gravada em tela ou em mármore mas esculpida a partir do próprio sopro da vida. O símbolo do pensamento de um homem da antiguidade transforma-se na linguagem do homem de hoje. Dois mil verões fizeram apenas emprestar aos monumentos da literatura grega, bem como a suas esculturas, uma tonalidade dourada e outonal mais madura, pois eles carregam consigo, para todos os lugares, uma atmosfera serena e celestial que os protege da corrosão do tempo. Os livros são o tesouro precioso do mundo e a digna herança das gerações e nações. Os livros, aqueles mais antigos e melhores, encontram-se de modo natural e legítimo nas estantes de qualquer cabana. Eles não têm causa própria a defender, apenas instruem e amparam o leitor, cujo senso comum não os recusa. Seus autores formam uma aristocracia natural e irresistível em qualquer sociedade e, mais do que os reis ou imperadores, exercem influência sobre a humanidade. Quando o comerciante iletrado e quiçá desdenhoso conquista, através da iniciativa e do esforço, seus ambicionados lazer e independência, e é admitido nos círculos da riqueza e da alta sociedade, ele por fim se volta, inevitavelmente, àqueles círculos ainda mais altos e inacessíveis do intelecto e da genialidade. Tem consciência apenas da imperfeição de sua cultura e da futilidade e insuficiência de todos os seus bens, e coloca à prova uma vez mais seu bom-senso através do empenho em assegurar a seus filhos aquela cultura intelectual cuja falta sente tão profundamente. E é assim que ele se torna o fundador de uma família.

Aqueles que não aprenderam a ler os antigos clássicos na língua em que foram escritos devem possuir um conhecimento bastante imperfeito da história da raça humana, pois é notável que jamais se tenha feito uma transcrição deles para qualquer língua moderna, a menos que se considere nossa própria civilização como tal transcrição. Homero jamais foi publicado em inglês, nem Ésquilo, nem mesmo Virgílio, e suas obras são quase tão refinadas, sólidas e belas quanto a própria manhã. Pois os escritores posteriores, diga-se o que se quiser de seus talentos, raramente igualaram a elaborada beleza, o acabamento e o eterno e heroico labor literário dos antigos, se é que alguma vez o fizeram. Só falam em esquecê-los aqueles que nunca os conheceram. Estaremos prontos para esquecê-los quando tivermos a cultura e o gênio que nos permitam frequentá-los e apreciá-los. Será verdadeiramente rica a época em que estas relíquias a que chamamos Clássicos, e as mais antigas e clássicas mas ainda menos conhecidas Escrituras das nações, forem acumuladas em maior número, quando os Vaticanos estiverem lotados de Vedas, Zendavestas e Bíblias, de Homeros, Dantes e Shakespeares, e quando os séculos vindouros tiverem sucessivamente depositado seus troféus no fórum do mundo. Por tal monte podemos ter a esperança de finalmente alcançar os céus.

As obras dos grandes poetas não foram nunca lidas pela humanidade, pois apenas os grandes poetas as podem ler. Elas simplesmente têm sido lidas como as multidões leem as estrelas, de um modo astrológico, e não astronômico. Os homens, em sua maioria, aprenderam a ler para satisfazer a uma mesquinha conveniência, assim como aprenderam a calcular a fim de organizarem sua contabilidade e não serem enganados no comércio, mas sabem pouco ou nada a respeito da leitura como um nobre exercício intelectual. Contudo, num sentido elevado, a leitura é exatamente isso, não o que nos acalenta como um luxo e faz adormecer nossos mais nobres sentidos, mas o que nos coloca em alerta e a que dedicamos nossas horas mais atentas.

Penso que, tendo sido alfabetizados, deveríamos ler o melhor da literatura e não ficar repetindo para sempre nosso bê-a-bá e nossos monossílabos, sentados a vida inteira na primeira fila da sala de aula. A maioria dos homens fica satisfeita se consegue ler ou ouvir outros lerem um único livro, a Bíblia, persuadidos talvez por sua sabedoria, e pelo resto de suas vidas põem-se a vegetar e a dissipar suas faculdades com aquilo que se chama de leitura fácil. Existe uma obra em vários volumes em nossa Biblioteca Circulante, chamada *Pequenas Leituras* (Little Reading), que eu pensava referir-se a uma cidade do mesmo nome à qual nunca havia visitado. Há aqueles que, como avestruzes ou corvos marinhos, são capazes de digerir toda espécie de livros como este, mesmo depois do mais farto jantar composto por carnes e legumes, pois não permitem que nada seja desperdiçado. Se outros são as máquinas que fornecem este tipo de alimento, eles são as máquinas que o consomem. São capazes de ler a milésima versão da lenda de Zebulão e Sofrônia, sobre como se amaram como nunca ninguém amou antes e tampouco foi sereno o curso de seu genuíno amor – de qualquer maneira, como avançava e tropeçava e erguia-se uma vez mais e prosseguia, assim como um pobre infeliz que houvesse subido até o alto da torre de uma igreja quando teria sido melhor não ter passado do campanário. E então, tendo inutilmente o colocado naquela altura, o alegre romancista faz soar o sino chamando o mundo inteiro para ouvir, oh Deus!, como conseguiu ele descer outra vez! De minha parte, penso que fariam melhor se transformassem tais aspirantes a heróis da novelística universal em cataventos humanos, assim como era costume colocar os heróis entre as constelações e deixá-los ali girando até que ficassem enferrujados e não pudessem de modo algum voltar para aborrecer homens honestos com suas travessuras. Da próxima vez que o romancista fizer soar o sino, não me moverei nem que a igreja seja destruída pelo fogo. "*O Salto na Ponta do Pé*, romance medieval, pelo célebre autor de *Tittle-Tol-Tan*, a ser publicado em capítulos mensais, uma grande atração." Tudo isto é lido com olhos arregalados, com uma curiosidade primitiva e alerta e com um estômago incansável, cujas dobras nem mesmo precisam ser estimuladas, exatamente como um menino de quatro anos lê a história da Gata Borralheira numa edição dourada e barata – sem nenhum aperfeiçoamento visível da pronúncia, da acentuação ou da ênfase, e sem exigir qualquer habilidade maior em extrair ou atribuir uma moral à história. O resultado é o embotamento da visão, a estagnação da circulação vital e a degeneração de todas as faculdades intelectuais. Este tipo vulgar de pão é assado diariamente em quase todos os fornos, com mais diligência do que o puro pão de trigo ou de centeio, e tem mercado garantido.

Os melhores livros não são lidos nem mesmo por aqueles que são considerados bons leitores. A que se resume a cultura em nossa Concord? Não há nesta cidade, com pouquíssimas exceções, gosto algum pelos melhores livros, ou por livros muito bons, mesmo os de literatura em língua inglesa, cujas palavras podem ser lidas e soletradas por todos. Mesmo os homens com instrução superior e os que tiveram a chamada educação liberal, aqui ou alhures, possuem pouca ou nenhuma intimidade com os clássicos da língua. E quanto ao registro da sabedoria da humanidade, os antigos clássicos e as Bíblias, acessíveis a qualquer um que os conheça, fazem-se aqui os mais débeis esforços para se ter algum contato com eles. Conheço um lenhador de meia-idade que gosta de ler um jornal francês, não para saber das notícias, como ele mesmo diz, pois está acima disso, mas "para manter-se em dia" com sua língua, já que é canadense. E quando lhe pergunto o que considera ser a melhor coisa a fazer neste mundo, além disso, afirma que é conservar e aprimorar seu inglês. Isto é praticamente tudo o que em geral fazem ou aspiram fazer os homens instruídos, e para este propósito leem jornais em inglês. Quantas pessoas poderá encontrar com as quais possa conversar sobre o assunto alguém que tenha lido um dos melhores livros em inglês? Ou, então, suponhamos que tenha acabado de ler um clássico grego ou latino no original, cujo valor é familiar até mesmo para os assim chamados analfabetos: não encontrará absolutamente ninguém com quem falar e deverá silenciar a respeito. De fato, dificilmente encontraremos em nossas escolas um professor que, tendo superado as dificuldades da língua, tenha dominado igualmente as sutilezas do espírito e da poética de um escritor grego e tenha alguma vontade de partilhá-las com o leitor heroico e perspicaz. Quanto às Sagradas Escrituras, ou às Bíblias da humanidade, quem nesta cidade pode ao menos me dizer seus títulos? A maioria dos homens não sabe sequer que foram os hebreus a terem uma escritura sagrada.

Um homem, qualquer homem, afastar-se-á consideravelmente de seu caminho para apanhar um dólar de prata. Mas eis que aqui temos palavras de ouro, proferidas pelos homens mais sábios da Antiguidade, cujo valor nos foi assegurado pela sabedoria de todas as épocas posteriores, e mesmo assim só aprendemos a ler os livros fáceis, as cartilhas e livros escolares, e, ao sairmos da escola, as *Pequenas Leituras* e outros livros de histórias, próprios para crianças e principiantes. E, assim, nossas leituras, nossas conversas e nossos pensamentos situam-se todos num nível muito baixo, dignos apenas de pigmeus e homúnculos.

Aspiro relacionar-me com homens mais sábios do que esses que Concord produziu, cujos nomes mal são conhecidos aqui. Ou ouvirei o nome de Platão sem jamais ler seus livros? É como se ele fosse meu conterrâneo e eu nunca o tivesse visto, meu vizinho de porta e eu nunca o tivesse ouvido falar ou prestado atenção à sabedoria de suas palavras. Mas o que acontece realmente? Seus *Diálogos*, que contêm o que nele era imortal, acham-se na estante ao lado e no entanto eu nunca os li. Somos vulgares, incultos e analfabetos; e, em relação a isso, confesso que não faço maiores distinções entre o analfabetismo de meus concidadãos que não aprenderam a ler e o de quem aprendeu a ler somente aquilo que se destina às crianças e aos intelectos medíocres. Deveríamos ser tão bons quanto os ilustres escritores da antiguidade, reconhecendo, antes de mais nada, o quanto eles eram bons. Somos uma raça de acanhados homens-pássaro e em nossos voos intelectuais elevamo-nos pouco mais alto do que as colunas dos jornais diários.

Nem todos os livros são tão tediosos quanto seus leitores. Provavelmente há palavras que se aplicam exatamente a nossa condição, e que, se as pudéssemos realmente escutar e compreender, seriam mais salutares a nossas vidas do que as manhãs ou a primavera, e possivelmente dariam um novo aspecto à face das coisas. Quantos homens terão começado uma nova era em sua vida depois da leitura de um livro! Talvez exista o livro que explique nossos milagres e revele-nos outros. As coisas inexprimíveis de hoje talvez estejam ditas em algum lugar. As mesmas questões que nos perturbam, desorientam e confundem ocorreram, por sua vez, a todos os homens sábios. Nenhuma foi omitida e cada um respondeu a elas, segundo sua capacidade, por meio de suas palavras e de sua vida. Ademais, com a sabedoria aprendemos a ser tolerantes. O solitário empregado de uma fazenda nos arredores de Concord, tendo sido batizado e vivido uma peculiar experiência religiosa, e acreditando estar sendo conduzido, por sua fé, ao silêncio grave e à exclusividade, pode achar que isto não é verdade. Mas Zoroastro, há milhares de anos, percorreu o mesmo caminho e teve a mesma experiência. Porém, sendo sábio, sabia que esta experiência era universal e passou a tratar seus vizinhos de acordo com isso, afirmando-se mesmo que tenha inventado e estabelecido a idolatria entre os homens. Deixemo-lo, então, humildemente compartilhar com Zoroastro, e, através da tolerante influência de todas as sumidades, com o próprio Jesus Cristo, e deixemos "nossa Igreja" naufragar.

Orgulhamo-nos por pertencermos ao

século XIX e por estarmos progredindo mais rapidamente que qualquer outro país. Mas pensemos no pouco que esta aldeia faz por sua própria cultura. Não desejo exaltar meus conterrâneos, nem ser exaltado por eles, pois isso não faria progredir a nenhum de nós. Precisamos ser provocados, açulados como bois para seguir adiante. Possuímos um sistema comparativamente decente de escolas públicas primárias, exclusivas para crianças. Porém, à exceção do agonizante Liceu no inverno, e, mais tarde, do insignificante projeto de biblioteca proposto pelo Estado, não há escolas para nós. Gastamos mais com qualquer artigo que alimente nosso corpo do que com alimentos espirituais. Já é tempo de possuírmos escolas superiores, de não interrompermos nossa educação quando começamos a nos tornar adultos. Já é tempo de as aldeias se transformarem em universidades e de seus habitantes mais velhos serem os pesquisadores destas universidades, com tempo disponível – se tiverem de fato condições – para se dedicar aos estudos liberais pelo resto de suas vidas. Deverá o mundo se restringir para sempre a uma Paris ou uma Oxford? Não poderão os estudantes ser internados aqui e obter uma educação liberal sob os céus de Concord? Não poderemos contratar um Abelardo para nos ensinar? Ah, mas temos que alimentar o gado e tomar conta da loja, e assim somos afastados da escola por um longo tempo e negligenciamos tristemente nossa educação. Neste país, a aldeia deveria, sob certos aspectos, assumir o lugar do nobre na Europa e tornar-se a protetora das belas artes. Ela é rica o suficiente para isso e necessita apenas de magnanimidade e refinamento. Pode gastar dinheiro bastante com coisas apreciadas por fazendeiros e comerciantes, mas considera utópico gastá-lo com aquilo que os homens mais inteligentes sabem possuir um valor bem maior. Esta cidade gastou dezessete mil dólares para construir uma sede para a câmara municipal, graças à fortuna ou à política, mas provavelmente não investirá tanto na inteligência e no espírito vivos, a verdadeira carne a preencher aquela concha, dentro dos próximos cem anos. Os cento e vinte e cinco dólares de contribuição anual para os cursos de inverno do Liceu são gastos com maior proveito do que qualquer soma semelhante arrecadada na cidade. Se vivemos no século XIX, por que não aproveitarmos as vantagens que ele nos oferece? Por que deveríamos levar uma vida provinciana, sob qualquer aspecto? Se temos que ler jornais, por que não deixamos de lado as intrigas de Boston e passamos logo a ler o melhor jornal do mundo? Chega de sorver o mingau de jornais de "famílias neutras" e de pastar *Olive-Branches* aqui na Nova Inglaterra. Deixemos que cheguem a nós as notícias de todas as sociedades cultas e veremos se eles sabem alguma coisa. Por que devemos deixar que a *Harper & Brothers* e a *Redding & Co.* escolham nossas leituras? Assim como o nobre de bom gosto se cerca de tudo que possa contribuir para sua cultura – o gênio, a erudição, a inteligência, livros, pinturas, esculturas, música, ferramentas filosóficas etc. –, deixemos que nossa aldeia faça o mesmo. Que não se contente com um pedagogo, um pastor, um sacristão, uma biblioteca paroquial e três conselheiros municipais, só porque nossos antepassados, certa vez, atravessaram com eles um frio inverno sobre uma rocha descampada. Agir coletivamente está de acordo com o espírito de nossas instituições, e confio em que, já que nossas condições são mais favoráveis, nossos recursos são maiores que os do nobre. A Nova Inglaterra pode contratar todos os homens sábios do mundo para vir ensiná-la, e aqui abrigá-los, e deixar de ser provinciana. Esta é a escola *incomum* que desejamos. Ao invés de nobres, tenhamos nobres aldeias de homens. Se for necessário, deixemos de lado aquela ponte sobre o rio, façamos uma pequena volta e lancemos ao menos um arco sobre o abismo escuro da ignorância que nos cerca.

Coleção **L&PM** POCKET

1.**Catálogo geral da Coleção**
2.**Poesias** – Fernando Pessoa
3.**O livro dos sonetos** – org. Sergio Faraco
4.**Hamlet** – Shakespeare / trad. Millôr
5.**Isadora, frag. autobiográficos** – Isadora Duncan
6.**Histórias sicilianas** – G. Lampedusa
7.**O relato de Arthur Gordon Pym** – Edgar A. Poe
8.**A mulher mais linda da cidade** – Bukowski
9.**O fim de Montezuma** – Hernan Cortez
10.**A ninfomania** – D. T. Bienville
11.**As aventuras de Robinson Crusoé** – D. Defoe
13.**Armadilha mortal** – Roberto Arlt
14.**Contos de fantasmas** – Daniel Defoe
15.**Os pintores cubistas** – G. Apollinaire
16.**A morte de Ivan Ilitch** – L.Tolstói
17.**A desobediência civil** – D. H. Thoreau
18.**Liberdade, liberdade** – F. Rangel e M. Fernandes
19.**Cem sonetos de amor** – Pablo Neruda
20.**Mulheres** – Eduardo Galeano
21.**Cartas a Théo** – Van Gogh
22.**Don Juan** – Molière / Trad. Millôr Fernandes
24.**Horla** – Guy de Maupassant
25.**O caso de Charles Dexter Ward** – Lovecraft
26.**Vathek** – William Beckford
27.**Hai-Kais** – Millôr Fernandes
29.**Cartas portuguesas** – Mariana Alcoforado
30.**A mensageira das violetas** – Florbela Espanca
31.**Espumas flutuantes** – Castro Alves
32.**Dom Casmurro** – Machado de Assis
34.**Alves & Cia.** – Eça de Queiroz
35.**Uma temporada no inferno** – A. Rimbaud
36.**A corresp. de Fradique Mendes** – Eça de Queiroz
38.**Antologia poética** – Olavo Bilac
39.**O rei Lear** – Shakespeare
40.**Memórias póstumas de Brás Cubas** – Machado de Assis
41.**Que loucura!** – Woody Allen
42.**O duelo** – Casanova
45.**Memórias de um Sargento de Milícias** – Manuel Antônio de Almeida
46.**Os escravos** – Castro Alves
47.**O desejo pego pelo rabo** – Pablo Picasso
48.**Os inimigos** – Máximo Gorki
49.**O colar de veludo** – Alexandre Dumas
50.**Livro dos bichos** – Vários
51.**Quincas Borba** – Machado de Assis
53.**O exército de um homem só** – Moacyr Scliar
54.**Frankenstein** – Mary Shelley
55.**Dom Segundo Sombra** – Ricardo Güiraldes
56.**De vagões e vagabundos** – Jack London
58.**A viuvinha** – José de Alencar
59.**Livro das cortesãs** – Vários
60.**Últimos poemas** – Pablo Neruda
61.**A moreninha** – Joaquim Manuel de Macedo
62.**Cinco minutos** – José de Alencar
63.**Saber envelhecer e a amizade** – Cícero
64.**Enquanto a noite não chega** – J. Guimarães
65.**Tufão** – Joseph Conrad
66.**Aurélia** – Gérard de Nerval
67.**I-Juca-Pirama** – Gonçalves Dias
68.**Fábulas** – Esopo
69.**Teresa Filósofa** – Anônimo do Séc. XVIII
70.**Avent. inéditas de Sherlock Holmes** – Arthur Conan Doyle
71.**Quintana de bolso** – Mario Quintana
72.**Antes e depois** – Paul Gauguin
73.**A morte de Olivier Bécaille** – Émile Zola
74.**Iracema** – José de Alencar
75.**Iaiá Garcia** – Machado de Assis
76.**Utopia** – Tomás Morus
77.**Sonetos para amar o amor** – Camões
78.**Carmem** – Prosper Mérimée
79.**Senhora** – José de Alencar
80.**Hagar, o horrível 1** – Dik Browne
81.**O coração das trevas** – Joseph Conrad
82.**Um estudo em vermelho** – Arthur Conan Doyle
83.**Todos os sonetos** – Augusto dos Anjos
84.**A propriedade é um roubo** – P.-J. Proudhon
85.**Drácula** – Bram Stoker
86.**O marido complacente** – Sade
87.**De profundis** – Oscar Wilde
88.**Sem plumas** – Woody Allen
89.**Os bruzundangas** – Lima Barreto
90.**O cão dos Baskervilles** – Arthur Conan Doyle
91.**Paraísos artificiais** – Charles Baudelaire
92.**Cândido, ou o otimismo** – Voltaire
93.**Triste fim de Policarpo Quaresma** – Lima Barreto
94.**Amor de perdição** – Camilo Castelo Branco
95.**A megera domada** – Shakespeare / trad. Millôr
96.**O mulato** – Aluísio Azevedo
97.**O alienista** – Machado de Assis
98.**O livro dos sonhos** – Jack Kerouac
99.**Noite na taverna** – Álvares de Azevedo
100.**Aura** – Carlos Fuentes
102.**Contos gauchescos e Lendas do sul** – Simões Lopes Neto
103.**O cortiço** – Aluísio Azevedo
104.**Marília de Dirceu** – T. A. Gonzaga
105.**O Primo Basílio** – Eça de Queiroz
106.**O ateneu** – Raul Pompéia
107.**Um escândalo na Boêmia** – Arthur Conan Doyle
108.**Contos** – Machado de Assis
109.**200 Sonetos** – Luis Vaz de Camões
110.**O príncipe** – Maquiavel
111.**A escrava Isaura** – Bernardo Guimarães
112.**O solteirão nobre** – Conan Doyle
114.**Shakespeare de A a Z** – Shakespeare
115.**A relíquia** – Eça de Queiroz

117.**Livro do corpo** – Vários
118.**Lira dos 20 anos** – Álvares de Azevedo
119.**Esaú e Jacó** – Machado de Assis
120.**A barcarola** – Pablo Neruda
121.**Os conquistadores** – Júlio Verne
122.**Contos breves** – G. Apollinaire
123.**Taipi** – Herman Melville
124.**Livro dos desaforos** – org. de Sergio Faraco
125.**A mão e a luva** – Machado de Assis
126.**Doutor Miragem** – Moacyr Scliar
127.**O penitente** – Isaac B. Singer
128.**Diários da descoberta da América** – Cristóvão Colombo
129.**Édipo Rei** – Sófocles
130.**Romeu e Julieta** – Shakespeare
131.**Hollywood** – Bukowski
132.**Billy the Kid** – Pat Garrett
133.**Cuca fundida** – Woody Allen
134.**O jogador** – Dostoiévski
135.**O livro da selva** – Rudyard Kipling
136.**O vale do terror** – Arthur Conan Doyle
137.**Dançar tango em Porto Alegre** – S. Faraco
138.**O gaúcho** – Carlos Reverbel
139.**A volta ao mundo em oitenta dias** – J. Verne
140.**O livro dos esnobes** – W. M. Thackeray
141.**Amor & morte em Poodle Springs** – Raymond Chandler & R. Parker
142.**As aventuras de David Balfour** – Stevenson
143.**Alice no país das maravilhas** – Lewis Carroll
144.**A ressurreição** – Machado de Assis
145.**Inimigos, uma história de amor** – I. Singer
146.**O Guarani** – José de Alencar
147.**A cidade e as serras** – Eça de Queiroz
148.**Eu e outras poesias** – Augusto dos Anjos
149.**A mulher de trinta anos** – Balzac
150.**Pomba enamorada** – Lygia F. Telles
151.**Contos fluminenses** – Machado de Assis
152.**Antes de Adão** – Jack London
153.**Intervalo amoroso** – A.Romano de Sant'Anna
154.**Memorial de Aires** – Machado de Assis
155.**Naufrágios e comentários** – Cabeza de Vaca
156.**Ubirajara** – José de Alencar
157.**Textos anarquistas** – Bakunin
159.**Amor de salvação** – Camilo Castelo Branco
160.**O gaúcho** – José de Alencar
161.**O livro das maravilhas** – Marco Polo
162.**Inocência** – Visconde de Taunay
163.**Helena** – Machado de Assis
164.**Uma estação de amor** – Horácio Quiroga
165.**Poesia reunida** – Martha Medeiros
166.**Memórias de Sherlock Holmes** – Conan Doyle
167.**A vida de Mozart** – Stendhal
168.**O primeiro terço** – Neal Cassady
169.**O mandarim** – Eça de Queiroz
170.**Um espinho de marfim** – Marina Colasanti
171.**A ilustre Casa de Ramires** – Eça de Queiroz
172.**Lucíola** – José de Alencar
173.**Antígona** – Sófocles – trad. Donaldo Schüler
174.**Otelo** – William Shakespeare
175.**Antologia** – Gregório de Matos
176.**A liberdade de imprensa** – Karl Marx
177.**Casa de pensão** – Aluísio Azevedo
178.**São Manuel Bueno, Mártir** – Unamuno
179.**Primaveras** – Casimiro de Abreu
180.**O noviço** – Martins Pena
181.**O sertanejo** – José de Alencar
182.**Eurico, o presbítero** – Alexandre Herculano
183.**O signo dos quatro** – Conan Doyle
184.**Sete anos no Tibet** – Heinrich Harrer
185.**Vagamundo** – Eduardo Galeano
186.**De repente acidentes** – Carl Solomon
187.**As minas de Salomão** – Rider Haggar
188.**Uivo** – Allen Ginsberg
189.**A ciclista solitária** – Conan Doyle
190.**Os seis bustos de Napoleão** – Conan Doyle
191.**Cortejo do divino** – Nelida Piñon
194.**Os crimes do amor** – Marquês de Sade
195.**Besame Mucho** – Mário Prata
196.**Tuareg** – Alberto Vázquez-Figueroa
199.**Notas de um velho safado** – Bukowski
200.**111 ais** – Dalton Trevisan
201.**O nariz** – Nicolai Gogol
202.**O capote** – Nicolai Gogol
203.**Macbeth** – William Shakespeare
204.**Heráclito** – Donaldo Schüler
205.**Você deve desistir, Osvaldo** – Cyro Martins
206.**Memórias de Garibaldi** – A. Dumas
207.**A arte da guerra** – Sun Tzu
208.**Fragmentos** – Caio Fernando Abreu
209.**Festa no castelo** – Moacyr Scliar
210.**O grande deflorador** – Dalton Trevisan
212.**Homem do princípio ao fim** – Millôr Fernandes
213.**Aline e seus dois namorados (1)** – A. Iturrusgarai
214.**A juba do leão** – Sir Arthur Conan Doyle
216.**Confissões de um comedor de ópio** – Thomas De Quincey
217.**Os sofrimentos do jovem Werther** – Goethe
218.**Fedra** – Racine / Trad. Millôr Fernandes
219.**O vampiro de Sussex** – Conan Doyle
220.**Sonho de uma noite de verão** – Shakespeare
221.**Dias e noites de amor e de guerra** – Galeano
222.**O Profeta** – Khalil Gibran
223.**Flávia, cabeça, tronco e membros** – M. Fernandes
224.**Guia da ópera** – Jeanne Suhamy
225.**Macário** – Álvares de Azevedo
226.**Etiqueta na prática** – Celia Ribeiro
227.**Manifesto do Partido Comunista** – Marx & Engels
228.**Poemas** – Millôr Fernandes
229.**Um inimigo do povo** – Henrik Ibsen
230.**O paraíso destruído** – Frei B. de las Casas
231.**O gato no escuro** – Josué Guimarães
232.**O mágico de Oz** – L. Frank Baum
234.**Max e os felinos** – Moacyr Scliar
235.**Nos céus de Paris** – Alcy Cheuiche
236.**Os bandoleiros** – Schiller

237.**A primeira coisa que eu botei na boca** – Deonísio da Silva
238.**As aventuras de Simbad, o marújo**
239.**O retrato de Dorian Gray** – Oscar Wilde
240.**A carteira de meu tio** – J. Manuel de Macedo
241.**A luneta mágica** – J. Manuel de Macedo
242.**A metamorfose** – Franz Kafka
243.**A flecha de ouro** – Joseph Conrad
244.**A ilha do tesouro** – R. L. Stevenson
245.**Marx - Vida & Obra** – José A. Giannotti
246.**Gênesis**
247.**Unidos para sempre** – Ruth Rendell
248.**A arte de amar** – Ovídio
250.**Novas receitas do Anonymus Gourmet** – J.A.P.M.
251.**A nova catacumba** – Arthur Conan Doyle
252.**Dr. Negro** – Arthur Conan Doyle
253.**Os voluntários** – Moacyr Scliar
254.**A bela adormecida** – Irmãos Grimm
255.**O príncipe sapo** – Irmãos Grimm
256.**Confissões** *e* **Memórias** – H. Heine
257.**Viva o Alegrete** – Sergio Faraco
259.**A senhora Beate e seu filho** – Schnitzler
260.**O ovo apunhalado** – Caio Fernando Abreu
261.**O ciclo das águas** – Moacyr Scliar
262.**Millôr Definitivo** – Millôr Fernandes
264.**Viagem ao centro da Terra** – Júlio Verne
266.**Caninos brancos** – Jack London
267.**O médico e o monstro** – R. L. Stevenson
268.**A tempestade** – William Shakespeare
269.**Assassinatos na rua Morgue** – E. Allan Poe
270.**99 corruíras nanicas** – Dalton Trevisan
271.**Broquéis** – Cruz e Sousa
272.**Mês de cães danados** – Moacyr Scliar
273.**Anarquistas – vol. 1 – A ideia** – G.Woodcock
274.**Anarquistas – vol. 2 – O movimento** – G.Woodcock
275.**Pai e filho, filho e pai** – Moacyr Scliar
276.**As aventuras de Tom Sawyer** – Mark Twain
277.**Muito barulho por nada** – W. Shakespeare
278.**Elogio da loucura** – Erasmo
279.**Autobiografia de Alice B. Toklas** – G. Stein
280.**O chamado da floresta** – J. London
281.**Uma agulha para o diabo** – Ruth Rendell
282.**Verdes vales do fim do mundo** – A. Bivar
283.**Ovelhas negras** – Caio Fernando Abreu
284.**O fantasma de Canterville** – O. Wilde
285.**Receitas de Yayá Ribeiro** – Celia Ribeiro
286.**A galinha degolada** – H. Quiroga
287.**O último adeus de Sherlock Holmes** – A. Conan Doyle
288.**A. Gourmet** *em* **Histórias de cama & mesa** – J. A. Pinheiro Machado
289.**Topless** – Martha Medeiros
290.**Mais receitas do Anonymus Gourmet** – J. A. Pinheiro Machado
291.**Origens do discurso democrático** – D. Schüler
292.**Humor politicamente incorreto** – Nani
293.**O teatro do bem e do mal** – E. Galeano
294.**Garibaldi & Manoela** – J. Guimarães
295.**10 dias que abalaram o mundo** – John Reed
296.**Numa fria** – Bukowski
297.**Poesia de Florbela Espanca** vol. 1
298.**Poesia de Florbela Espanca** vol. 2
299.**Escreva certo** – E. Oliveira e M. E. Bernd
300.**O vermelho e o negro** – Stendhal
301.**Ecce homo** – Friedrich Nietzsche
302(7).**Comer bem, sem culpa** – Dr. Fernando Lucchese, A. Gourmet e Iotti
303.**O livro de Cesário Verde** – Cesário Verde
305.**100 receitas de macarrão** – S. Lancellotti
306.**160 receitas de molhos** – S. Lancellotti
307.**100 receitas light** – H. e Â. Tonetto
308.**100 receitas de sobremesas** – Celia Ribeiro
309.**Mais de 100 dicas de churrasco** – Leon Diziekaniak
310.**100 receitas de acompanhamentos** – C. Cabeda
311.**Honra ou vendetta** – S. Lancellotti
312.**A alma do homem sob o socialismo** – Oscar Wilde
313.**Tudo sobre Yôga** – Mestre De Rose
314.**Os varões assinalados** – Tabajara Ruas
315.**Édipo em Colono** – Sófocles
316.**Lisístrata** – Aristófanes / trad. Millôr
317.**Sonhos de Bunker Hill** – John Fante
318.**Os deuses de Raquel** – Moacyr Scliar
319.**O colosso de Marússia** – Henry Miller
320.**As eruditas** – Molière / trad. Millôr
321.**Radicci 1** – Iotti
322.**Os Sete contra Tebas** – Ésquilo
323.**Brasil Terra à vista** – Eduardo Bueno
324.**Radicci 2** – Iotti
325.**Júlio César** – William Shakespeare
326.**A carta de Pero Vaz de Caminha**
327.**Cozinha Clássica** – Sílvio Lancellotti
328.**Madame Bovary** – Gustave Flaubert
329.**Dicionário do viajante insólito** – M. Scliar
330.**O capitão saiu para o almoço...** – Bukowski
331.**A carta roubada** – Edgar Allan Poe
332.**É tarde para saber** – Josué Guimarães
333.**O livro de bolso da Astrologia** – Maggy Harrisonx e Mellina Li
334.**1933 foi um ano ruim** – John Fante
335.**100 receitas de arroz** – Aninha Comas
336.**Guia prático do Português correto – vol. 1** – Cláudio Moreno
337.**Bartleby, o escriturário** – H. Melville
338.**Enterrem meu coração na curva do rio** – Dee Brown
339.**Um conto de Natal** – Charles Dickens
340.**Cozinha sem segredos** – J. A. P. Machado
341.**A dama das Camélias** – A. Dumas Filho
342.**Alimentação saudável** – H. e Â. Tonetto
343.**Continhos galantes** – Dalton Trevisan
344.**A Divina Comédia** – Dante Alighieri
345.**A Dupla Sertanojo** – Santiago
346.**Cavalos do amanhecer** – Mario Arregui

347.**Biografia de Vincent van Gogh por sua cunhada** – Jo van Gogh-Bonger
348.**Radicci 3** – Iotti
349.**Nada de novo no front** – E. M. Remarque
350.**A hora dos assassinos** – Henry Miller
351.**Flush – Memórias de um cão** – Virginia Woolf
352.**A guerra no Bom Fim** – M. Scliar
357.**As uvas e o vento** – Pablo Neruda
358.**On the road** – Jack Kerouac
359.**O coração amarelo** – Pablo Neruda
360.**Livro das perguntas** – Pablo Neruda
361.**Noite de Reis** – William Shakespeare
362.**Manual de Ecologia (vol.1)** – J. Lutzenberger
363.**O mais longo dos dias** – Cornelius Ryan
364.**Foi bom prá você?** – Nani
365.**Crepusculário** – Pablo Neruda
366.**A comédia dos erros** – Shakespeare
369.**Mate-me por favor (vol.1)** – L. McNeil
370.**Mate-me por favor (vol.2)** – L. McNeil
371.**Carta ao pai** – Kafka
372.**Os vagabundos iluminados** – J. Kerouac
375.**Vargas, uma biografia política** – H. Silva
376.**Poesia reunida (vol.1)** – A. R. de Sant'Anna
377.**Poesia reunida (vol.2)** – A. R. de Sant'Anna
378.**Alice no país do espelho** – Lewis Carroll
379.**Residência na Terra 1** – Pablo Neruda
380.**Residência na Terra 2** – Pablo Neruda
381.**Terceira Residência** – Pablo Neruda
382.**O delírio amoroso** – Bocage
383.**Futebol ao sol e à sombra** – E. Galeano
386.**Radicci 4** – Iotti
387.**Boas maneiras & sucesso nos negócios** – Celia Ribeiro
388.**Uma história Farroupilha** – M. Scliar
389.**Na mesa ninguém envelhece** – J. A. Pinheiro Machado
390.**200 receitas inéditas do Anonymus Gourmet** – J. A. Pinheiro Machado
391.**Guia prático do Português correto – vol.2** – Cláudio Moreno
392.**Breviário das terras do Brasil** – Assis Brasil
393.**Cantos Cerimoniais** – Pablo Neruda
394.**Jardim de Inverno** – Pablo Neruda
395.**Antonio e Cleópatra** – William Shakespeare
396.**Troia** – Cláudio Moreno
397.**Meu tio matou um cara** – Jorge Furtado
399.**As viagens de Gulliver** – Jonathan Swift
400.**Dom Quixote** – (v. 1) – Miguel de Cervantes
401.**Dom Quixote** – (v. 2) – Miguel de Cervantes
402.**Sozinho no Pólo Norte** – Thomaz Brandolin
404.**Delta de Vênus** – Anaïs Nin
405.**O melhor de Hagar 2** – Dik Browne
406.**É grave Doutor?** – Nani
407.**Orai pornô** – Nani
412.**Três contos** – Gustave Flaubert
413.**De ratos e homens** – John Steinbeck
414.**Lazarilho de Tormes** – Anônimo do séc. XVI
415.**Triângulo das águas** – Caio Fernando Abreu
416.**100 receitas de carnes** – Sílvio Lancellotti
417.**Histórias de robôs:** vol. 1 – org. Isaac Asimov
418.**Histórias de robôs:** vol. 2 – org. Isaac Asimov
419.**Histórias de robôs:** vol. 3 – org. Isaac Asimov
423.**Um amigo de Kafka** – Isaac Singer
424.**As alegres matronas de Windsor** – Shakespeare
425.**Amor e exílio** – Isaac Bashevis Singer
426.**Use & abuse do seu signo** – Marília Fiorillo e Marylou Simonsen
427.**Pigmaleão** – Bernard Shaw
428.**As fenícias** – Eurípides
429.**Everest** – Thomaz Brandolin
430.**A arte de furtar** – Anônimo do séc. XVI
431.**Billy Bud** – Herman Melville
432.**A rosa separada** – Pablo Neruda
433.**Elegia** – Pablo Neruda
434.**A garota de Cassidy** – David Goodis
435.**Como fazer a guerra: máximas de Napoleão** – Balzac
436.**Poemas escolhidos** – Emily Dickinson
437.**Gracias por el fuego** – Mario Benedetti
438.**O sofá** – Crébillon Fils
439.**O "Martín Fierro"** – Jorge Luis Borges
440.**Trabalhos de amor perdidos** – W. Shakespeare
441.**O melhor de Hagar 3** – Dik Browne
442.**Os Maias (volume1)** – Eça de Queiroz
443.**Os Maias (volume2)** – Eça de Queiroz
444.**Anti-Justine** – Restif de La Bretonne
445.**Juventude** – Joseph Conrad
446.**Contos** – Eça de Queiroz
448.**Um amor de Swann** – Proust
449.**À paz perpétua** – Immanuel Kant
450.**A conquista do México** – Hernan Cortez
451.**Defeitos escolhidos e 2000** – Pablo Neruda
452.**O casamento do céu e do inferno** – William Blake
453.**A primeira viagem ao redor do mundo** – Antonio Pigafetta
457.**Sartre** – Annie Cohen-Solal
458.**Discurso do método** – René Descartes
459.**Garfield em grande forma (1)** – Jim Davis
460.**Garfield está de dieta** (2) – Jim Davis
461.**O livro das feras** – Patricia Highsmith
462.**Viajante solitário** – Jack Kerouac
463.**Auto da barca do inferno** – Gil Vicente
464.**O livro vermelho dos pensamentos de Millôr** – Millôr Fernandes
465.**O livro dos abraços** – Eduardo Galeano
466.**Voltaremos!** – José Antonio Pinheiro Machado
467.**Rango** – Edgar Vasques
468(8).**Dieta mediterrânea** – Dr. Fernando Lucchese e José Antonio Pinheiro Machado
469.**Radicci 5** – Iotti
470.**Pequenos pássaros** – Anaïs Nin
471.**Guia prático do Português correto – vol.3** – Cláudio Moreno
472.**Atire no pianista** – David Goodis
473.**Antologia Poética** – García Lorca

474.**Alexandre e César** – Plutarco
475.**Uma espiã na casa do amor** – Anaïs Nin
476.**A gorda do Tiki Bar** – Dalton Trevisan
477.**Garfield um gato de peso (3)** – Jim Davis
478.**Canibais** – David Coimbra
479.**A arte de escrever** – Arthur Schopenhauer
480.**Pinóquio** – Carlo Collodi
481.**Misto-quente** – Bukowski
482.**A lua na sarjeta** – David Goodis
483.**O melhor do Recruta Zero (1)** – Mort Walker
484.**Aline: TPM – tensão pré-monstrual (2)** – Adão Iturrusgarai
485.**Sermões do Padre Antonio Vieira**
486.**Garfield numa boa (4)** – Jim Davis
487.**Mensagem** – Fernando Pessoa
488.**Vendeta** *seguido de* **A paz conjugal** – Balzac
489.**Poemas de Alberto Caeiro** – Fernando Pessoa
490.**Ferragus** – Honoré de Balzac
491.**A duquesa de Langeais** – Honoré de Balzac
492.**A menina dos olhos de ouro** – Honoré de Balzac
493.**O lírio do vale** – Honoré de Balzac
497.**A noite das bruxas** – Agatha Christie
498.**Um passe de mágica** – Agatha Christie
499.**Nêmesis** – Agatha Christie
500.**Esboço para uma teoria das emoções** – Sartre
501.**Renda básica de cidadania** – Eduardo Suplicy
502(1).**Pílulas para viver melhor** – Dr. Lucchese
503(2).**Pílulas para prolongar a juventude** – Dr. Lucchese
504(3).**Desembarcando o diabetes** – Dr. Lucchese
505(4).**Desembarcando o sedentarismo** – Dr. Fernando Lucchese e Cláudio Castro
506(5).**Desembarcando a hipertensão** – Dr. Lucchese
507(6).**Desembarcando o colesterol** – Dr. Fernando Lucchese e Fernanda Lucchese
508.**Estudos de mulher** – Balzac
509.**O terceiro tira** – Flann O'Brien
510.**100 receitas de aves e ovos** – J. A. P. Machado
511.**Garfield em toneladas de diversão** (5) – Jim Davis
512.**Trem-bala** – Martha Medeiros
513.**Os cães ladram** – Truman Capote
514.**O Kama Sutra de Vatsyayana**
515.**O crime do Padre Amaro** – Eça de Queiroz
516.**Odes de Ricardo Reis** – Fernando Pessoa
517.**O inverno da nossa desesperança** – Steinbeck
518.**Piratas do Tietê (1)** – Laerte
519.**Rê Bordosa: do começo ao fim** – Angeli
520.**O Harlem é escuro** – Chester Himes
522.**Eugénie Grandet** – Balzac
523.**O último magnata** – F. Scott Fitzgerald
524.**Carol** – Patricia Highsmith
525.**100 receitas de patisseria** – Sílvio Lancellotti
527.**Tristessa** – Jack Kerouac
528.**O diamante do tamanho do Ritz** – F. Scott Fitzgerald
529.**As melhores histórias de Sherlock Holmes** – Arthur Conan Doyle
530.**Cartas a um jovem poeta** – Rilke
532.**O misterioso sr. Quin** – Agatha Christie
533.**Os analectos** – Confúcio
536.**Ascensão e queda de César Birotteau** – Balzac
537.**Sexta-feira negra** – David Goodis
538.**Ora bolas – O humor de Mario Quintana** – Juarez Fonseca
539.**Longe daqui aqui mesmo** – Antonio Bivar
540.**É fácil matar** – Agatha Christie
541.**O pai Goriot** – Balzac
542.**Brasil, um país do futuro** – Stefan Zweig
543.**O processo** – Kafka
544.**O melhor de Hagar 4** – Dik Browne
545.**Por que não pediram a Evans?** – Agatha Christie
546.**Fanny Hill** – John Cleland
547.**O gato por dentro** – William S. Burroughs
548.**Sobre a brevidade da vida** – Sêneca
549.**Geraldão (1)** – Glauco
550.**Piratas do Tietê (2)** – Laerte
551.**Pagando o pato** – Ciça
552.**Garfield de bom humor (6)** – Jim Davis
553.**Conhece o Mário?** vol.1 – Santiago
554.**Radicci 6** – Iotti
555.**Os subterrâneos** – Jack Kerouac
556(1).**Balzac** – François Taillandier
557(2).**Modigliani** – Christian Parisot
558(3).**Kafka** – Gérard-Georges Lemaire
559(4).**Júlio César** – Joël Schmidt
560.**Receitas da família** – J. A. Pinheiro Machado
561.**Boas maneiras à mesa** – Celia Ribeiro
562(9).**Filhos sadios, pais felizes** – R. Pagnoncelli
563(10).**Fatos & mitos** – Dr. Fernando Lucchese
564.**Ménage à trois** – Paula Taitelbaum
565.**Mulheres!** – David Coimbra
566.**Poemas de Álvaro de Campos** – Fernando Pessoa
567.**Medo e outras histórias** – Stefan Zweig
568.**Snoopy e sua turma (1)** – Schulz
569.**Piadas para sempre (1)** – Visconde da Casa Verde
570.**O alvo móvel** – Ross Macdonald
571.**O melhor do Recruta Zero (2)** – Mort Walker
572.**Um sonho americano** – Norman Mailer
573.**Os broncos também amam** – Angeli
574.**Crônica de um amor louco** – Bukowski
575(5).**Freud** – René Major e Chantal Talagrand
576(6).**Picasso** – Gilles Plazy
577(7).**Gandhi** – Christine Jordis
578.**A tumba** – H. P. Lovecraft
579.**O príncipe e o mendigo** – Mark Twain
580.**Garfield, um charme de gato (7)** – Jim Davis
581.**Ilusões perdidas** – Balzac
582.**Esplendores e misérias das cortesãs** – Balzac
583.**Walter Ego** – Angeli
584.**Striptiras (1)** – Laerte

585.**Fagundes: um puxa-saco de mão cheia** – Laerte
586.**Depois do último trem** – Josué Guimarães
587.**Ricardo III** – Shakespeare
588.**Dona Anja** – Josué Guimarães
589.**24 horas na vida de uma mulher** – Stefan Zweig
591.**Mulher no escuro** – Dashiell Hammett
592.**No que acredito** – Bertrand Russell
593.**Odisseia (1): Telemaquia** – Homero
594.**O cavalo cego** – Josué Guimarães
595.**Henrique V** – Shakespeare
596.**Fabulário geral do delírio cotidiano** – Bukowski
597.**Tiros na noite 1: A mulher do bandido** – Dashiell Hammett
598.**Snoopy em Feliz Dia dos Namorados! (2)** – Schulz
600.**Crime e castigo** – Dostoiévski
601.**Mistério no Caribe** – Agatha Christie
602.**Odisseia (2): Regresso** – Homero
603.**Piadas para sempre (2)** – Visconde da Casa Verde
604.**À sombra do vulcão** – Malcolm Lowry
605(8).**Kerouac** – Yves Buin
606.**E agora são cinzas** – Angeli
607.**As mil e uma noites** – Paulo Caruso
608.**Um assassino entre nós** – Ruth Rendell
609.**Crack-up** – F. Scott Fitzgerald
610.**Do amor** – Stendhal
611.**Cartas do Yage** – William Burroughs e Allen Ginsberg
612.**Striptiras (2)** – Laerte
613.**Henry & June** – Anaïs Nin
614.**A piscina mortal** – Ross Macdonald
615.**Geraldão (2)** – Glauco
616.**Tempo de delicadeza** – A. R. de Sant'Anna
617.**Tiros na noite 2: Medo de tiro** – Dashiell Hammett
618.**Snoopy em Assim é a vida, Charlie Brown! (3)** – Schulz
619.**1954 – Um tiro no coração** – Hélio Silva
620.**Sobre a inspiração poética (Íon)** e ... – Platão
621.**Garfield e seus amigos (8)** – Jim Davis
622.**Odisseia (3): Ítaca** – Homero
623.**A louca matança** – Chester Himes
624.**Factótum** – Bukowski
625.**Guerra e Paz: volume 1** – Tolstói
626.**Guerra e Paz: volume 2** – Tolstói
627.**Guerra e Paz: volume 3** – Tolstói
628.**Guerra e Paz: volume 4** – Tolstói
629(9).**Shakespeare** – Claude Mourthé
630.**Bem está o que bem acaba** – Shakespeare
631.**O contrato social** – Rousseau
632.**Geração Beat** – Jack Kerouac
633.**Snoopy: É Natal! (4)** – Charles Schulz
634.**Testemunha da acusação** – Agatha Christie
635.**Um elefante no caos** – Millôr Fernandes
636.**Guia de leitura (100 autores que você precisa ler)** – Organização de Léa Masina
637.**Pistoleiros também mandam flores** – David Coimbra
638.**O prazer das palavras** – vol. 1 – Cláudio Moreno
639.**O prazer das palavras** – vol. 2 – Cláudio Moreno
640.**Novíssimo testamento: com Deus e o diabo, a dupla da criação** – Iotti
641.**Literatura Brasileira: modos de usar** – Luís Augusto Fischer
642.**Dicionário de Porto-Alegrês** – Luís A. Fischer
643.**Clô Dias & Noites** – Sérgio Jockymann
644.**Memorial de Isla Negra** – Pablo Neruda
645.**Um homem extraordinário e outras histórias** – Tchékhov
646.**Ana sem terra** – Alcy Cheuiche
647.**Adultérios** – Woody Allen
651.**Snoopy: Posso fazer uma pergunta, professora? (5)** – Charles Schulz
652(10).**Luís XVI** – Bernard Vincent
653.**O mercador de Veneza** – Shakespeare
654.**Cancioneiro** – Fernando Pessoa
655.**Non-Stop** – Martha Medeiros
656.**Carpinteiros, levantem bem alto a cumeeira & Seymour, uma apresentação** – J.D.Salinger
657.**Ensaios céticos** – Bertrand Russell
658.**O melhor de Hagar 5** – Dik e Chris Browne
659.**Primeiro amor** – Ivan Turguêniev
660.**A trégua** – Mario Benedetti
661.**Um parque de diversões da cabeça** – Lawrence Ferlinghetti
662.**Aprendendo a viver** – Sêneca
663.**Garfield, um gato em apuros (9)** – Jim Davis
664.**Dilbert (1)** – Scott Adams
666.**A imaginação** – Jean-Paul Sartre
667.**O ladrão e os cães** – Naguib Mahfuz
669.**A volta do parafuso** *seguido de* **Daisy Miller** – Henry James
670.**Notas do subsolo** – Dostoiévski
671.**Abobrinhas da Brasilônia** – Glauco
672.**Geraldão (3)** – Glauco
673.**Piadas para sempre (3)** – Visconde da Casa Verde
674.**Duas viagens ao Brasil** – Hans Staden
676.**A arte da guerra** – Maquiavel
677.**Além do bem e do mal** – Nietzsche
678.**O coronel Chabert** *seguido de* **A mulher abandonada** – Balzac
679.**O sorriso de marfim** – Ross Macdonald
680.**100 receitas de pescados** – Sílvio Lancellotti
681.**O juiz e seu carrasco** – Friedrich Dürrenmatt
682.**Noites brancas** – Dostoiévski
683.**Quadras ao gosto popular** – Fernando Pessoa
685.**Kaos** – Millôr Fernandes
686.**A pele de onagro** – Balzac
687.**As ligações perigosas** – Choderlos de Laclos
689.**Os Lusíadas** – Luís Vaz de Camões
690(11).**Átila** – Éric Deschodt

691.**Um jeito tranquilo de matar** – Chester Himes
692.**A felicidade conjugal** *seguido de* **O diabo** – Tolstói
693.**Viagem de um naturalista ao redor do mundo** – vol. 1 – Charles Darwin
694.**Viagem de um naturalista ao redor do mundo** – vol. 2 – Charles Darwin
695.**Memórias da casa dos mortos** – Dostoiévski
696.**A Celestina** – Fernando de Rojas
697.**Snoopy: Como você é azarado, Charlie Brown! (6)** – Charles Schulz
698.**Dez (quase) amores** – Claudia Tajes
699.**Poirot sempre espera** – Agatha Christie
701.**Apologia de Sócrates** *precedido de* **Êutifron** e *seguido de* **Críton** – Platão
702.**Wood & Stock** – Angeli
703.**Striptiras (3)** – Laerte
704.**Discurso sobre a origem e os fundamentos da desigualdade entre os homens** – Rousseau
705.**Os duelistas** – Joseph Conrad
706.**Dilbert (2)** – Scott Adams
707.**Viver e escrever** (vol. 1) – Edla van Steen
708.**Viver e escrever** (vol. 2) – Edla van Steen
709.**Viver e escrever** (vol. 3) – Edla van Steen
710.**A teia da aranha** – Agatha Christie
711.**O banquete** – Platão
712.**Os belos e malditos** – F. Scott Fitzgerald
713.**Libelo contra a arte moderna** – Salvador Dalí
714.**Akropolis** – Valerio Massimo Manfredi
715.**Devoradores de mortos** – Michael Crichton
716.**Sob o sol da Toscana** – Frances Mayes
717.**Batom na cueca** – Nani
718.**Vida dura** – Claudia Tajes
719.**Carne trêmula** – Ruth Rendell
720.**Cris, a fera** – David Coimbra
721.**O anticristo** – Nietzsche
722.**Como um romance** – Daniel Pennac
723.**Emboscada no Forte Bragg** – Tom Wolfe
724.**Assédio sexual** – Michael Crichton
725.**O espírito do Zen** – Alan W.Watts
726.**Um bonde chamado desejo** – Tennessee Williams
727.**Como gostais** *seguido de* **Conto de inverno** – Shakespeare
728.**Tratado sobre a tolerância** – Voltaire
729.**Snoopy: Doces ou travessuras? (7)** – Charles Schulz
730.**Cardápios do Anonymus Gourmet** – J.A. Pinheiro Machado
731.**100 receitas com lata** – J.A. Pinheiro Machado
732.**Conhece o Mário?** vol.2 – Santiago
733.**Dilbert (3)** – Scott Adams
734.**História de um louco amor** *seguido de* **Passado amor** – Horacio Quiroga
735(11).**Sexo: muito prazer** – Laura Meyer da Silva
736(12).**Para entender o adolescente** – Dr. Ronald Pagnoncelli
737(13).**Desembarcando a tristeza** – Dr. Fernando Lucchese
738.**Poirot e o mistério da arca espanhola & outras histórias** – Agatha Christie
739.**A última legião** – Valerio Massimo Manfredi
741.**Sol nascente** – Michael Crichton
742.**Duzentos ladrões** – Dalton Trevisan
743.**Os devaneios do caminhante solitário** – Rousseau
744.**Garfield, o rei da preguiça (10)** – Jim Davis
745.**Os magnatas** – Charles R. Morris
746.**Pulp** – Charles Bukowski
747.**Enquanto agonizo** – William Faulkner
748.**Aline: viciada em sexo (3)** – Adão Iturrusgarai
749.**A dama do cachorrinho** – Anton Tchékhov
750.**Tito Andrônico** – Shakespeare
751.**Antologia poética** – Anna Akhmátova
752.**O melhor de Hagar 6** – Dik e Chris Browne
753(12).**Michelangelo** – Nadine Sautel
754.**Dilbert (4)** – Scott Adams
755.**O jardim das cerejeiras** *seguido de* **Tio Vânia** – Tchékhov
756.**Geração Beat** – Claudio Willer
757.**Santos Dumont** – Alcy Cheuiche
758.**Budismo** – Claude B. Levenson
759.**Cleópatra** – Christian-Georges Schwentzel
760.**Revolução Francesa** – Frédéric Bluche, Stéphane Rials e Jean Tulard
761.**A crise de 1929** – Bernard Gazier
762.**Sigmund Freud** – Edson Sousa e Paulo Endo
763.**Império Romano** – Patrick Le Roux
764.**Cruzadas** – Cécile Morrisson
765.**O mistério do Trem Azul** – Agatha Christie
768.**Senso comum** – Thomas Paine
769.**O parque dos dinossauros** – Michael Crichton
770.**Trilogia da paixão** – Goethe
773.**Snoopy: No mundo da lua! (8)** – Charles Schulz
774.**Os Quatro Grandes** – Agatha Christie
775.**Um brinde de cianureto** – Agatha Christie
776.**Súplicas atendidas** – Truman Capote
779.**A viúva imortal** – Millôr Fernandes
780.**Cabala** – Roland Goetschel
781.**Capitalismo** – Claude Jessua
782.**Mitologia grega** – Pierre Grimal
783.**Economia: 100 palavras-chave** – Jean-Paul Betbèze
784.**Marxismo** – Henri Lefebvre
785.**Punição para a inocência** – Agatha Christie
786.**A extravagância do morto** – Agatha Christie
787(13).**Cézanne** – Bernard Fauconnier
788.**A identidade Bourne** – Robert Ludlum
789.**Da tranquilidade da alma** – Sêneca
790.**Um artista da fome** *seguido de* **Na colônia penal e outras histórias** – Kafka
791.**Histórias de fantasmas** – Charles Dickens
796.**O Uraguai** – Basílio da Gama
797.**A mão misteriosa** – Agatha Christie
798.**Testemunha ocular do crime** – Agatha Christie
799.**Crepúsculo dos ídolos** – Friedrich Nietzsche
802.**O grande golpe** – Dashiell Hammett

803.**Humor barra pesada** – Nani
804.**Vinho** – Jean-François Gautier
805.**Egito Antigo** – Sophie Desplancques
806(14).**Baudelaire** – Jean-Baptiste Baronian
807.**Caminho da sabedoria, caminho da paz** – Dalai Lama e Felizitas von Schönborn
808.**Senhor e servo e outras histórias** – Tolstói
809.**Os cadernos de Malte Laurids Brigge** – Rilke
810.**Dilbert (5)** – Scott Adams
811.**Big Sur** – Jack Kerouac
812.**Seguindo a correnteza** – Agatha Christie
813.**O álibi** – Sandra Brown
814.**Montanha-russa** – Martha Medeiros
815.**Coisas da vida** – Martha Medeiros
816.**A cantada infalível** *seguido de* **A mulher do centroavante** – David Coimbra
819.**Snoopy: Pausa para a soneca (9)** – Charles Schulz
820.**De pernas pro ar** – Eduardo Galeano
821.**Tragédias gregas** – Pascal Thiercy
822.**Existencialismo** – Jacques Colette
823.**Nietzsche** – Jean Granier
824.**Amar ou depender?** – Walter Riso
825.**Darmapada: A doutrina budista em versos**
826.**J'Accuse...! – a verdade em marcha** – Zola
827.**Os crimes ABC** – Agatha Christie
828.**Um gato entre os pombos** – Agatha Christie
831.**Dicionário de teatro** – Luiz Paulo Vasconcellos
832.**Cartas extraviadas** – Martha Medeiros
833.**A longa viagem de prazer** – J. J. Morosoli
834.**Receitas fáceis** – J. A. Pinheiro Machado
835.(14).**Mais fatos & mitos** – Dr. Fernando Lucchese
836.(15).**Boa viagem!** – Dr. Fernando Lucchese
837.**Aline: Finalmente nua!!!** (4) – Adão Iturrusgarai
838.**Mônica tem uma novidade!** – Mauricio de Sousa
839.**Cebolinha em apuros!** – Mauricio de Sousa
840.**Sócios no crime** – Agatha Christie
841.**Bocas do tempo** – Eduardo Galeano
842.**Orgulho e preconceito** – Jane Austen
843.**Impressionismo** – Dominique Lobstein
844.**Escrita chinesa** – Viviane Alleton
845.**Paris: uma história** – Yvan Combeau
846(15).**Van Gogh** – David Haziot
848.**Portal do destino** – Agatha Christie
849.**O futuro de uma ilusão** – Freud
850.**O mal-estar na cultura** – Freud
853.**Um crime adormecido** – Agatha Christie
854.**Satori em Paris** – Jack Kerouac
855.**Medo e delírio em Las Vegas** – Hunter Thompson
856.**Um negócio fracassado e outros contos de humor** – Tchékhov
857.**Mônica está de férias!** – Mauricio de Sousa
858.**De quem é esse coelho?** – Mauricio de Sousa
860.**O mistério Sittaford** – Agatha Christie
861.**Manhã transfigurada** – L. A. de Assis Brasil
862.**Alexandre, o Grande** – Pierre Briant
863.**Jesus** – Charles Perrot
864.**Islã** – Paul Balta
865.**Guerra da Secessão** – Farid Ameur
866.**Um rio que vem da Grécia** – Cláudio Moreno
868.**Assassinato na casa do pastor** – Agatha Christie
869.**Manual do líder** – Napoleão Bonaparte
870(16).**Billie Holiday** – Sylvia Fol
871.**Bidu arrasando!** – Mauricio de Sousa
872.**Os Sousa: Desventuras em família** – Mauricio de Sousa
874.**E no final a morte** – Agatha Christie
875.**Guia prático do Português correto – vol. 4** – Cláudio Moreno
876.**Dilbert (6)** – Scott Adams
877(17).**Leonardo da Vinci** – Sophie Chauveau
878.**Bella Toscana** – Frances Mayes
879.**A arte da ficção** – David Lodge
880.**Striptiras (4)** – Laerte
881.**Skrotinhos** – Angeli
882.**Depois do funeral** – Agatha Christie
883.**Radicci 7** – Iotti
884.**Walden** – H. D. Thoreau
885.**Lincoln** – Allen C. Guelzo
886.**Primeira Guerra Mundial** – Michael Howard
887.**A linha de sombra** – Joseph Conrad
888.**O amor é um cão dos diabos** – Bukowski
890.**Despertar: uma vida de Buda** – Jack Kerouac
891(18).**Albert Einstein** – Laurent Seksik
892.**Hell's Angels** – Hunter Thompson
893.**Ausência na primavera** – Agatha Christie
894.**Dilbert (7)** – Scott Adams
895.**Ao sul de lugar nenhum** – Bukowski
896.**Maquiavel** – Quentin Skinner
897.**Sócrates** – C.C.W. Taylor
899.**O Natal de Poirot** – Agatha Christie
900.**As veias abertas da América Latina** – Eduardo Galeano
901.**Snoopy: Sempre alerta! (10)** – Charles Schulz
902.**Chico Bento: Plantando confusão** – Mauricio de Sousa
903.**Penadinho: Quem é morto sempre aparece** – Mauricio de Sousa
904.**A vida sexual da mulher feia** – Claudia Tajes
905.**100 segredos de liquidificador** – José Antonio Pinheiro Machado
906.**Sexo muito prazer 2** – Laura Meyer da Silva
907.**Os nascimentos** – Eduardo Galeano
908.**As caras e as máscaras** – Eduardo Galeano
909.**O século do vento** – Eduardo Galeano
910.**Poirot perde uma cliente** – Agatha Christie
911.**Cérebro** – Michael O'Shea
912.**O escaravelho de ouro e outras histórias** – Edgar Allan Poe
913.**Piadas para sempre (4)** – Visconde da Casa Verde
914.**100 receitas de massas light** – Helena Tonetto
915(19).**Oscar Wilde** – Daniel Salvatore Schiffer
916.**Uma breve história do mundo** – H. G. Wells
917.**A Casa do Penhasco** – Agatha Christie
919.**John M. Keynes** – Bernard Gazier

920(20).**Virginia Woolf** – Alexandra Lemasson
921.**Peter e Wendy** *seguido de* **Peter Pan em Kensington Gardens** – J. M. Barrie
922.**Aline: numas de colegial (5)** – Adão Iturrusgarai
923.**Uma dose mortal** – Agatha Christie
924.**Os trabalhos de Hércules** – Agatha Christie
926.**Kant** – Roger Scruton
927.**A inocência do Padre Brown** – G.K. Chesterton
928.**Casa Velha** – Machado de Assis
929.**Marcas de nascença** – Nancy Huston
930.**Aulete de bolso**
931.**Hora Zero** – Agatha Christie
932.**Morte na Mesopotâmia** – Agatha Christie
934.**Nem te conto, João** – Dalton Trevisan
935.**As aventuras de Huckleberry Finn** – Mark Twain
936(21).**Marilyn Monroe** – Anne Plantagenet
937.**China moderna** – Rana Mitter
938.**Dinossauros** – David Norman
939.**Louca por homem** – Claudia Tajes
940.**Amores de alto risco** – Walter Riso
941.**Jogo de damas** – David Coimbra
942.**Filha é filha** – Agatha Christie
943.**M ou N?** – Agatha Christie
945.**Bidu: diversão em dobro!** – Mauricio de Sousa
946.**Fogo** – Anaïs Nin
947.**Rum: diário de um jornalista bêbado** – Hunter Thompson
948.**Persuasão** – Jane Austen
949.**Lágrimas na chuva** – Sergio Faraco
950.**Mulheres** – Bukowski
951.**Um pressentimento funesto** – Agatha Christie
952.**Cartas na mesa** – Agatha Christie
954.**O lobo do mar** – Jack London
955.**Os gatos** – Patricia Highsmith
956(22).**Jesus** – Christiane Rancé
957.**História da medicina** – William Bynum
958.**O Morro dos Ventos Uivantes** – Emily Brontë
959.**A filosofia na era trágica dos gregos** – Nietzsche
960.**Os treze problemas** – Agatha Christie
961.**A massagista japonesa** – Moacyr Scliar
963.**Humor do miserê** – Nani
964.**Todo o mundo tem dúvida, inclusive você** – Édison de Oliveira
965.**A dama do Bar Nevada** – Sergio Faraco
969.**O psicopata americano** – Bret Easton Ellis
970.**Ensaios de amor** – Alain de Botton
971.**O grande Gatsby** – F. Scott Fitzgerald
972.**Por que não sou cristão** – Bertrand Russell
973.**A Casa Torta** – Agatha Christie
974.**Encontro com a morte** – Agatha Christie
975(23).**Rimbaud** – Jean-Baptiste Baronian
976.**Cartas na rua** – Bukowski
977.**Memória** – Jonathan K. Foster
978.**A abadia de Northanger** – Jane Austen
979.**As pernas de Úrsula** – Claudia Tajes
980.**Retrato inacabado** – Agatha Christie
981.**Solanin (1)** – Inio Asano
982.**Solanin (2)** – Inio Asano
983.**Aventuras de menino** – Mitsuru Adachi
984(16).**Fatos & mitos sobre sua alimentação** – Dr. Fernando Lucchese
985.**Teoria quântica** – John Polkinghorne
986.**O eterno marido** – Fiódor Dostoiévski
987.**Um safado em Dublin** – J. P. Donleavy
988.**Mirinha** – Dalton Trevisan
989.**Akhenaton e Nefertiti** – Carmen Seganfredo e A. S. Franchini
990.**On the Road – o manuscrito original** – Jack Kerouac
991.**Relatividade** – Russell Stannard
992.**Abaixo de zero** – Bret Easton Ellis
993(24).**Andy Warhol** – Mériam Korichi
995.**Os últimos casos de Miss Marple** – Agatha Christie
996.**Nico Demo: Aí vem encrenca** – Mauricio de Sousa
998.**Rousseau** – Robert Wokler
999.**Noite sem fim** – Agatha Christie
1000.**Diários de Andy Warhol (1)** – Editado por Pat Hackett
1001.**Diários de Andy Warhol (2)** – Editado por Pat Hackett
1002.**Cartier-Bresson: o olhar do século** – Pierre Assouline
1003.**As melhores histórias da mitologia: vol. 1** – A.S. Franchini e Carmen Seganfredo
1004.**As melhores histórias da mitologia: vol. 2** – A.S. Franchini e Carmen Seganfredo
1005.**Assassinato no beco** – Agatha Christie
1006.**Convite para um homicídio** – Agatha Christie
1008.**História da vida** – Michael J. Benton
1009.**Jung** – Anthony Stevens
1010.**Arsène Lupin, ladrão de casaca** – Maurice Leblanc
1011.**Dublinenses** – James Joyce
1012.**120 tirinhas da Turma da Mônica** – Mauricio de Sousa
1013.**Antologia poética** – Fernando Pessoa
1014.**A aventura de um cliente ilustre** *seguido de* **O último adeus de Sherlock Holmes** – Sir Arthur Conan Doyle
1015.**Cenas de Nova York** – Jack Kerouac
1016.**A corista** – Anton Tchékhov
1017.**O diabo** – Leon Tolstói
1018.**Fábulas chinesas** – Sérgio Capparelli e Márcia Schmaltz
1019.**O gato do Brasil** – Sir Arthur Conan Doyle
1020.**Missa do Galo** – Machado de Assis
1021.**O mistério de Marie Rogêt** – Edgar Allan Poe
1022.**A mulher mais linda da cidade** – Bukowski
1023.**O retrato** – Nicolai Gogol
1024.**O conflito** – Agatha Christie
1025.**Os primeiros casos de Poirot** – Agatha Christie
1027(25).**Beethoven** – Bernard Fauconnier
1028.**Platão** – Julia Annas
1029.**Cleo e Daniel** – Roberto Freire

1030.**Til** – José de Alencar
1031.**Viagens na minha terra** – Almeida Garrett
1032.**Profissões para mulheres e outros artigos feministas** – Virginia Woolf
1033.**Mrs. Dalloway** – Virginia Woolf
1034.**O cão da morte** – Agatha Christie
1035.**Tragédia em três atos** – Agatha Christie
1037.**O fantasma da Ópera** – Gaston Leroux
1038.**Evolução** – Brian e Deborah Charlesworth
1039.**Medida por medida** – Shakespeare
1040.**Razão e sentimento** – Jane Austen
1041.**A obra-prima ignorada *seguido de* Um episódio durante o Terror** – Balzac
1042.**A fugitiva** – Anaïs Nin
1043.**As grandes histórias da mitologia greco-romana** – A. S. Franchini
1044.**O corno de si mesmo & outras historietas** – Marquês de Sade
1045.**Da felicidade *seguido de* Da vida retirada** – Sêneca
1046.**O horror em Red Hook e outras histórias** – H. P. Lovecraft
1047.**Noite em claro** – Martha Medeiros
1048.**Poemas clássicos chineses** – Li Bai, Du Fu e Wang Wei
1049.**A terceira moça** – Agatha Christie
1050.**Um destino ignorado** – Agatha Christie
1051(26).**Buda** – Sophie Royer
1052.**Guerra Fria** – Robert J. McMahon
1053.**Simons's Cat: as aventuras de um gato travesso e comilão – vol. 1** – Simon Tofield
1054.**Simons's Cat: as aventuras de um gato travesso e comilão – vol. 2** – Simon Tofield
1055.**Só as mulheres e as baratas sobreviverão** – Claudia Tajes
1057.**Pré-história** – Chris Gosden
1058.**Pintou sujeira!** – Mauricio de Sousa
1059.**Contos de Mamãe Gansa** – Charles Perrault
1060.**A interpretação dos sonhos: vol. 1** – Freud
1061.**A interpretação dos sonhos: vol. 2** – Freud
1062.**Frufru Rataplã Dolores** – Dalton Trevisan
1063.**As melhores histórias da mitologia egípcia** – Carmem Seganfredo e A.S. Franchini
1064.**Infância. Adolescência. Juventude** – Tolstói
1065.**As consolações da filosofia** – Alain de Botton
1066.**Diários de Jack Kerouac – 1947-1954**
1067.**Revolução Francesa – vol. 1** – Max Gallo
1068.**Revolução Francesa – vol. 2** – Max Gallo
1069.**O detetive Parker Pyne** – Agatha Christie
1070.**Memórias do esquecimento** – Flávio Tavares
1071.**Drogas** – Leslie Iversen
1072.**Manual de ecologia (vol.2)** – J. Lutzenberger
1073.**Como andar no labirinto** – Affonso Romano de Sant'Anna
1074.**A orquídea e o serial killer** – Juremir Machado da Silva
1075.**Amor nos tempos de fúria** – Lawrence Ferlinghetti
1076.**A aventura do pudim de Natal** – Agatha Christie
1078.**Amores que matam** – Patricia Faur
1079.**Histórias de pescador** – Mauricio de Sousa
1080.**Pedaços de um caderno manchado de vinho** – Bukowski
1081.**A ferro e fogo: tempo de solidão (vol.1)** – Josué Guimarães
1082.**A ferro e fogo: tempo de guerra (vol.2)** – Josué Guimarães
1084(17).**Desembarcando o Alzheimer** – Dr. Fernando Lucchese e Dra. Ana Hartmann
1085.**A maldição do espelho** – Agatha Christie
1086.**Uma breve história da filosofia** – Nigel Warburton
1088.**Heróis da História** – Will Durant
1089.**Concerto campestre** – L. A. de Assis Brasil
1090.**Morte nas nuvens** – Agatha Christie
1092.**Aventura em Bagdá** – Agatha Christie
1093.**O cavalo amarelo** – Agatha Christie
1094.**O método de interpretação dos sonhos** – Freud
1095.**Sonetos de amor e desamor** – Vários
1096.**120 tirinhas do Dilbert** – Scott Adams
1097.**200 fábulas de Esopo**
1098.**O curioso caso de Benjamin Button** – F. Scott Fitzgerald
1099.**Piadas para sempre: uma antologia para morrer de rir** – Visconde da Casa Verde
1100.**Hamlet (Mangá)** – Shakespeare
1101.**A arte da guerra (Mangá)** – Sun Tzu
1104.**As melhores histórias da Bíblia (vol.1)** – A. S. Franchini e Carmen Seganfredo
1105.**As melhores histórias da Bíblia (vol.2)** – A. S. Franchini e Carmen Seganfredo
1106.**Psicologia das massas e análise do eu** – Freud
1107.**Guerra Civil Espanhola** – Helen Graham
1108.**A autoestrada do sul e outras histórias** – Julio Cortázar
1109.**O mistério dos sete relógios** – Agatha Christie
1110.**Peanuts: Ninguém gosta de mim... (amor)** – Charles Schulz
1111.**Cadê o bolo?** – Mauricio de Sousa
1112.**O filósofo ignorante** – Voltaire
1113.**Totem e tabu** – Freud
1114.**Filosofia pré-socrática** – Catherine Osborne
1115.**Desejo de status** – Alain de Botton
1118.**Passageiro para Frankfurt** – Agatha Christie
1120.**Kill All Enemies** – Melvin Burgess
1121.**A morte da sra. McGinty** – Agatha Christie
1122.**Revolução Russa** – S. A. Smith
1123.**Até você, Capitu?** – Dalton Trevisan
1124.**O grande Gatsby (Mangá)** – F. S. Fitzgerald
1125.**Assim falou Zaratustra (Mangá)** – Nietzsche
1126. **Peanuts: É para isso que servem os amigos (amizade)** – Charles Schulz
1127(27).**Nietzsche** – Dorian Astor
1128.**Bidu: Hora do banho** – Mauricio de Sousa
1129.**O melhor do Macanudo Taurino** – Santiago
1130.**Radicci 30 anos** – Iotti

1131.**Show de sabores** – J.A. Pinheiro Machado
1132.**O prazer das palavras** – vol. 3 – Cláudio Moreno
1133.**Morte na praia** – Agatha Christie
1134.**O fardo** – Agatha Christie
1135.**Manifesto do Partido Comunista (Mangá)** – Marx & Engels
1136.**A metamorfose (Mangá)** – Franz Kafka
1137.**Por que você não se casou... ainda** – Tracy McMillan
1138.**Textos autobiográficos** – Bukowski
1139.**A importância de ser prudente** – Oscar Wilde
1140.**Sobre a vontade na natureza** – Arthur Schopenhauer
1141.**Dilbert (8)** – Scott Adams
1142.**Entre dois amores** – Agatha Christie
1143.**Cipreste triste** – Agatha Christie
1144.**Alguém viu uma assombração?** – Mauricio de Sousa
1145.**Mandela** – Elleke Boehmer
1146.**Retrato do artista quando jovem** – James Joyce
1147.**Zadig ou o destino** – Voltaire
1148.**O contrato social (Mangá)** – J.-J. Rousseau
1149.**Garfield fenomenal** – Jim Davis
1150.**A queda da América** – Allen Ginsberg
1151.**Música na noite & outros ensaios** – Aldous Huxley
1152.**Poesias inéditas & Poemas dramáticos** – Fernando Pessoa
1153.**Peanuts: Felicidade é...** – Charles M. Schulz
1154.**Mate-me por favor** – Legs McNeil e Gillian McCain
1155.**Assassinato no Expresso Oriente** – Agatha Christie
1156.**Um punhado de centeio** – Agatha Christie
1157.**A interpretação dos sonhos (Mangá)** – Freud
1158.**Peanuts: Você não entende o sentido da vida** – Charles M. Schulz
1159.**A dinastia Rothschild** – Herbert R. Lottman
1160.**A Mansão Hollow** – Agatha Christie
1161.**Nas montanhas da loucura** – H.P. Lovecraft
1162(28).**Napoleão Bonaparte** – Pascale Fautrier
1163.**Um corpo na biblioteca** – Agatha Christie
1164.**Inovação** – Mark Dodgson e David Gann
1165.**O que toda mulher deve saber sobre os homens: a afetividade masculina** – Walter Riso
1166.**O amor está no ar** – Mauricio de Sousa
1167.**Testemunha de acusação & outras histórias** – Agatha Christie
1168.**Etiqueta de bolso** – Celia Ribeiro
1169.**Poesia reunida (volume 3)** – Affonso Romano de Sant'Anna
1170.**Emma** – Jane Austen
1171.**Que seja em segredo** – Ana Miranda
1172.**Garfield sem apetite** – Jim Davis
1173.**Garfield: Foi mal...** – Jim Davis
1174.**Os irmãos Karamázov (Mangá)** – Dostoiévski
1175.**O Pequeno Príncipe** – Antoine de Saint-Exupéry
1176.**Peanuts: Ninguém mais tem o espírito aventureiro** – Charles M. Schulz
1177.**Assim falou Zaratustra** – Nietzsche
1178.**Morte no Nilo** – Agatha Christie
1179.**Ê, soneca boa** – Mauricio de Sousa
1180.**Garfield a todo o vapor** – Jim Davis
1181.**Em busca do tempo perdido (Mangá)** – Proust
1182.**Cai o pano: o último caso de Poirot** – Agatha Christie
1183.**Livro para colorir e relaxar** – Livro 1
1184.**Para colorir sem parar**
1185.**Os elefantes não esquecem** – Agatha Christie
1186.**Teoria da relatividade** – Albert Einstein
1187.**Compêndio da psicanálise** – Freud
1188.**Visões de Gerard** – Jack Kerouac
1189.**Fim de verão** – Mohiro Kitoh
1190.**Procurando diversão** – Mauricio de Sousa
1191.**E não sobrou nenhum e outras peças** – Agatha Christie
1192.**Ansiedade** – Daniel Freeman & Jason Freeman
1193.**Garfield: pausa para o almoço** – Jim Davis
1194.**Contos do dia e da noite** – Guy de Maupassant
1195.**O melhor de Hagar 7** – Dik Browne
1196(29).**Lou Andreas-Salomé** – Dorian Astor
1197(30).**Pasolini** – René de Ceccatty
1198.**O caso do Hotel Bertram** – Agatha Christie
1199.**Crônicas de motel** – Sam Shepard
1200.**Pequena filosofia da paz interior** – Catherine Rambert
1201.**Os sertões** – Euclides da Cunha
1202.**Treze à mesa** – Agatha Christie
1203.**Bíblia** – John Riches
1204.**Anjos** – David Albert Jones
1205.**As tirinhas do Guri de Uruguaiana 1** – Jair Kobe
1206.**Entre aspas (vol.1)** – Fernando Eichenberg
1207.**Escrita** – Andrew Robinson
1208.**O spleen de Paris: pequenos poemas em prosa** – Charles Baudelaire
1209.**Satíricon** – Petrônio
1210.**O avarento** – Molière
1211.**Queimando na água, afogando-se na chama** – Bukowski
1212.**Miscelânea septuagenária: contos e poemas** – Bukowski
1213.**Que filosofar é aprender a morrer e outros ensaios** – Montaigne
1214.**Da amizade e outros ensaios** – Montaigne
1215.**O medo à espreita e outras histórias** – H.P. Lovecraft
1216.**A obra de arte na era de sua reprodutibilidade técnica** – Walter Benjamin
1217.**Sobre a liberdade** – John Stuart Mill
1218.**O segredo de Chimneys** – Agatha Christie
1219.**Morte na rua Hickory** – Agatha Christie
1220.**Ulisses (Mangá)** – James Joyce

1221.**Ateísmo** – Julian Baggini
1222.**Os melhores contos de Katherine Mansfield** – Katherine Mansfied
1223(31).**Martin Luther King** – Alain Foix
1224.**Millôr Definitivo: uma antologia de *A Bíblia do Caos*** – Millôr Fernandes
1225.**O Clube das Terças-Feiras e outras histórias** – Agatha Christie
1226.**Por que sou tão sábio** – Nietzsche
1227.**Sobre a mentira** – Platão
1228.**Sobre a leitura** *seguido do* **Depoimento de Céleste Albaret** – Proust
1229.**O homem do terno marrom** – Agatha Christie
1230(32).**Jimi Hendrix** – Franck Médioni
1231.**Amor e amizade e outras histórias** – Jane Austen
1232.**Lady Susan, Os Watson e Sanditon** – Jane Austen
1233.**Uma breve história da ciência** – William Bynum
1234.**Macunaíma: o herói sem nenhum caráter** – Mário de Andrade
1235.**A máquina do tempo** – H.G. Wells
1236.**O homem invisível** – H.G. Wells
1237.**Os 36 estratagemas: manual secreto da arte da guerra** – Anônimo
1238.**A mina de ouro e outras histórias** – Agatha Christie
1239.**Pic** – Jack Kerouac
1240.**O habitante da escuridão e outros contos** – H.P. Lovecraft
1241.**O chamado de Cthulhu e outros contos** – H.P. Lovecraft
1242.**O melhor de Meu reino por um cavalo!** – Edição de Ivan Pinheiro Machado
1243.**A guerra dos mundos** – H.G. Wells
1244.**O caso da criada perfeita e outras histórias** – Agatha Christie
1245.**Morte por afogamento e outras histórias** – Agatha Christie
1246.**Assassinato no Comitê Central** – Manuel Vázquez Montalbán
1247.**O papai é pop** – Marcos Piangers
1248.**O papai é pop 2** – Marcos Piangers
1249.**A mamãe é rock** – Ana Cardoso
1250.**Paris boêmia** – Dan Franck
1251.**Paris libertária** – Dan Franck
1252.**Paris ocupada** – Dan Franck
1253.**Uma anedota infame** – Dostoiévski
1254.**O último dia de um condenado** – Victor Hugo
1255.**Nem só de caviar vive o homem** – J.M. Simmel
1256.**Amanhã é outro dia** – J.M. Simmel
1257.**Mulherzinhas** – Louisa May Alcott
1258.**Reforma Protestante** – Peter Marshall
1259.**História econômica global** – Robert C. Allen
1260(33).**Che Guevara** – Alain Foix
1261.**Câncer** – Nicholas James
1262.**Akhenaton** – Agatha Christie
1263.**Aforismos para a sabedoria de vida** – Arthur Schopenhauer
1264.**Uma história do mundo** – David Coimbra
1265.**Ame e não sofra** – Walter Riso
1266.**Desapegue-se!** – Walter Riso
1267.**Os Sousa: Uma famíla do barulho** – Mauricio de Sousa
1268.**Nico Demo: O rei da travessura** – Mauricio de Sousa
1269.**Testemunha de acusação e outras peças** – Agatha Christie
1270(34).**Dostoiévski** – Virgil Tanase
1271.**O melhor de Hagar 8** – Dik Browne
1272.**O melhor de Hagar 9** – Dik Browne
1273.**O melhor de Hagar 10** – Dik e Chris Browne
1274.**Considerações sobre o governo representativo** – John Stuart Mill
1275.**O homem Moisés e a religião monoteísta** – Freud
1276.**Inibição, sintoma e medo** – Freud
1277.**Além do princípio de prazer** – Freud
1278.**O direito de dizer não!** – Walter Riso
1279.**A arte de ser flexível** – Walter Riso
1280.**Casados e descasados** – August Strindberg
1281.**Da Terra à Lua** – Júlio Verne
1282.**Minhas galerias e meus pintores** – Kahnweiler
1283.**A arte do romance** – Virginia Woolf
1284.**Teatro completo v. 1: As aves da noite** *seguido de* **O visitante** – Hilda Hilst
1285.**Teatro completo v. 2: O verdugo** *seguido de* **A morte do patriarca** – Hilda Hilst
1286.**Teatro completo v. 3: O rato no muro** *seguido de* **Auto da barca de Camiri** – Hilda Hilst
1287.**Teatro completo v. 4: A empresa** *seguido de* **O novo sistema** – Hilda Hilst
1289.**Fora de mim** – Martha Medeiros
1290.**Divã** – Martha Medeiros
1291.**Sobre a genealogia da moral: um escrito polêmico** – Nietzsche
1292.**A consciência de Zeno** – Italo Svevo
1293.**Células-tronco** – Jonathan Slack
1294.**O fim do ciúme e outros contos** – Proust
1295.**A jangada** – Júlio Verne
1296.**A ilha do dr. Moreau** – H.G. Wells
1297.**Ninho de fidalgos** – Ivan Turguêniev
1298.**Jane Eyre** – Charlotte Brontë
1299.**Sobre gatos** – Bukowski
1300.**Sobre o amor** – Bukowski
1301.**Escrever para não enlouquecer** – Bukowski
1302.**222 receitas** – J. A. Pinheiro Machado
1303.**Reinações de Narizinho** – Monteiro Lobato
1304.**O Saci** – Monteiro Lobato
1305.**Memórias da Emília** – Monteiro Lobato

1306.**O Picapau Amarelo** – Monteiro Lobato
1307.**A reforma da Natureza** – Monteiro Lobato
1308.**Fábulas** ***seguido de*** **Histórias diversas** – Monteiro Lobato
1309.**Aventuras de Hans Staden** – Monteiro Lobato
1310.**Peter Pan** – Monteiro Lobato
1311.**Dom Quixote das crianças** – Monteiro Lobato
1312.**O Minotauro** – Monteiro Lobato
1313.**Um quarto só seu** – Virginia Woolf
1314.**Sonetos** – Shakespeare
1315(35).**Thoreau** – Marie Berthoumieu e Laura El Makki
1316.**Teoria da arte** – Cynthia Freeland
1317.**A arte da prudência** – Baltasar Gracián
1318.**O louco** ***seguido de*** **Areia e espuma** – Khalil Gibran
1319.**O profeta** ***seguido de*** **O jardim do profeta** – Khalil Gibran
1320.**Jesus, o Filho do Homem** – Khalil Gibran
1321.**A luta** – Norman Mailer
1322.**Sobre o sofrimento do mundo e outros ensaios** – Schopenhauer
1323.**Epidemiologia** – Rodolfo Sacacci
1324.**Japão moderno** – Christopher Goto-Jones
1325.**A arte da meditação** – Matthieu Ricard
1326.**O adversário secreto** – Agatha Christie
1327.**Pollyanna** – Eleanor H. Porter
1328.**Espelhos** – Eduardo Galeano
1329.**A Vênus das peles** – Sacher-Masoch
1330.**O 18 de brumário de Luís Bonaparte** – Karl Marx
1331.**Um jogo para os vivos** – Patricia Highsmith
1332.**A tristeza pode esperar** – J.J. Camargo
1333.**Vinte poemas de amor e uma canção desesperada** – Pablo Neruda
1334.**Judaísmo** – Norman Solomon
1335.**Esquizofrenia** – Christopher Frith & Eve Johnstone
1336.**Seis personagens em busca de um autor** – Luigi Pirandello
1337.**A Fazenda dos Animais** – George Orwell
1338.**1984** – George Orwell
1339.**Ubu Rei** – Alfred Jarry
1340.**Sobre bêbados e bebidas** – Bukowski
1341.**Tempestade para os vivos e para os mortos** – Bukowski
1342.**Complicado** – Natsume Ono

Miss Marple
Agatha Christie®
A MALDIÇÃO DO ESPELHO
CHIPPING CLEGHORN GAZETTE
CONVITE PARA UM HOMICÍDIO
Nêmesis
UM CRIME ADORMECIDO
O ÚLTIMO CASO DE MISS MARPLE
TESTEMUNHA OCULAR DO CRIME
O CASO DO HOTEL BERTRAM
L&PM POCKET

IMPRESSÃO:

PALLOTTI
GRÁFICA

Santa Maria - RS | Fone: (55) 3220.4500
www.graficapallotti.com.br